COMMENT LA RUSSIE AMENA LA GUERRE

HISTOIRE COMPLÈTE

PAR

LE BARON SUYEMATSU

(AUTEUR DE "LA RUSSIE ET LE JAPON").

TRADUIT PAR FRÉDÉRIC PEPIN.

LONDRES:

PROBSTHAIN & CO.,

Oriental Booksellers and Publishers,

14, BURY STREET, BRITISH MUSEUM, W.C.

Correspondants à Paris:

LIBRAIRIE ORIENTALE & AMERICAINE, E. GUILMOTO, EDITEUR.

6, Rue de Mézières, PARIS.

1905.

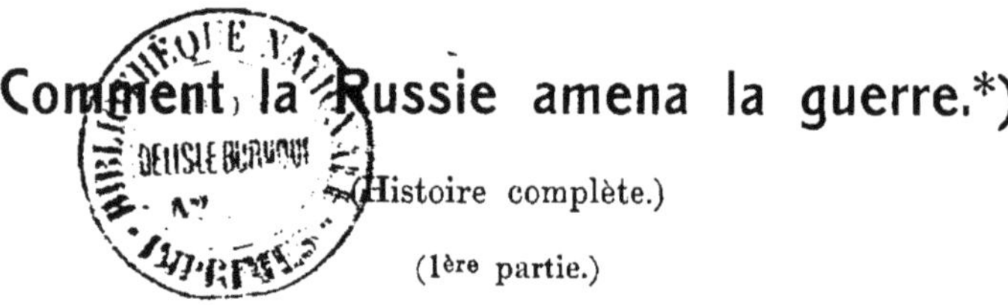

Comment la Russie amena la guerre.*)

(Histoire complète.)

(1ère partie.)

Dans l'article qui va suivre, on a essayé de fournir une histoire complète du cours des évènements qui ont amené la guerre gigantesque en train de sévir dans l'Extrême-Orient. Comme nous nous efforcerons de le prouver, cette guerre fut uniquement causée par l'action de la Russie. Nous avons fait tout notre possible pour condenser notre récit et si le lecteur le trouve de temps à autre quelque peu ennuyeux, nous devons, à cause de l'importante relation que les évènements en question ont déjà eu et doivent continuer d'avoir avec les intérêts communs du monde civilisé, réclamer instamment son indulgence. Quant à l'exactitude absolue des faits et déclarations contenus dans cet article, il nous suffira de dire qu'ils sont basés en tous points sur les nombreux documents officiels des puissances intéressées et que nos faits ont tous, sans aucune exception, été puisés dans ces sources irréfutables d'information.

Il est à peine nécessaire de redire en détail la manière dont la Russie frustra le Japon de son trophée de guerre légitimement acquis, c'est à dire de la péninsule de Liao-Tung en 1895, ou de répéter comment, après un laps de seulement quelques années, elle s'appropria la partie de cette péninsule la plus importante et aussi celle qui avait le plus de valeur au point de vue stratégique. Il n'est pas non plus essentiel que nous expliquions comment la Russie en cette occasion dupa l'Angleterre et comment le gouvernement

*) La première édition parut dans la "Nineteenth Century and After" Londres, 1904.

anglais fut en conséquence contraint d'exiger de la Chine le bail de Wei-Hai-Wei comme contrepoids de l'acquisition par la Russie de Port-Arthur et du territoire avoisinant. Il suffira de se rappeler que la cession à bail de Port-Arthur à la Russie pour lui servir de station navale fut considérée par le gouvernement anglais comme "un sérieux dérangement de l'équilibre du pouvoir dans le golfe de Pe-chih-li et une menace au maintien de cet équilibre" et que ce gouvernement déclare ainsi son opinion à ce sujet dans sa correspondance diplomatique. Quant à Wei-Hai-Wei, l'Angleterre signifia que sa propre action concernant ce port lui avait été imposée par les actions mêmes de la Russie. Il est peut-être également inutile de mentionner que cette acquisition de territoire à Port-Arthur était en contradiction directe d'une théorie que la Russie même avait posée, moins de trois ans auparavant.

A cette époque, elle avait en effet pressé le Japon de renoncer à cette région, sous prétexte que "la possession de la péninsule de Liao-Tung réclamée par le Japon serait une constante menace pour Pékin et rendrait en même temps illusoire l'indépendance de la Corée, tandis qu'enfin elle serait désormais un obstacle perpétuel à une paix permanente dans l'Extrême-Orient."

L'acte de cession de "la péninsule de Kwantung" et de Port-Arthur fut d'abord signé à Pékin le 27 mars 1898. Il fut ensuite supplémenté par un autre acte signé à Saint-Pétersbourg, le 7 mai de la même année.

Le jour où le premier acte fut signé, le gouvernement russe envoya la communication suivante aux puissances:

> "En vertu d'une entente signée le 15 (27) mars à Pékin par les représentants de la Russie d'un côté et les membres du Tsung-li Yamên de l'autre, comme Plénipotentiaires respectifs, Port-Arthur et Talien-Wan, ainsi que le territoire adjacent, ont été cédés par le gouvernement chinois à la Russie pour son propre usage.
>
> "Vous avez instruction de communiquer la susdite information au gouvernement auprès du quel vous êtes accrédité et d'ajouter que les ports ainsi que le territoire mentionnés plus haut vont être occupés sans retard par les forces de sa Majesté Impériale, notre Auguste Souverain. Le drapeau russe, aussi bien que le drapeau chinois, y seront arborés. Vous pouvez en même temps informer le ministre des affaires étrangères que le port de Talien-Wan sera ouvert au commerce étranger et

que les vaisseaux de toutes les nations amies y trouveront l'hospitalité la plus impartiale."

D'après le "Messager Officiel" et le texte de l'acte supplémentaire qui parut plus tard, on pouvait voir que les deux actes stipulaient la cession de Port-Arthur et de Talien-Wan ainsi que du territoire adjacent pour l'usage de la Russie pendant un terme de vingt-cinq ans, le quel terme pourrait être prolongé indéfiniment par arrangement entre les deux contractants. Ces actes comprenaient aussi la construction de lignes de chemins de fer devant relier les ports à la grande ligne du chemin de fer transsibérien. Aucun vaisseau, soit vaisseau de guerre ou navire marchand, excepté ceux de la Chine et de la Russie, n'avait le droit d'entrer dans Port-Arthur. Aucun sujet d'une puissance quelconque, toujours à l'exception des Russes et des Chinois, ne devait recevoir de concession pour son propre compte dans le territoire déclaré neutre; celui-ci comprenait le terrain formant partie de la péninsule de Liao-Tung au nord de la portion actuellement cédée à la Russie jusqu'à Kai-Chau sur la côte septentrionale et l'embouchure de la rivière Ta-Yang, c'est à dire Takushan, sur la côte méridionale. De plus, aucun port, soit sur la côte orientale, soit sur la côte occidentale du terrain neutre, ne devait être ouvert au commerce des autres puissances. Enfin aucune concession, soit pour faire des routes ou exploiter les mines, aucun privilège, industriel ou commercial, ne devaient être accordés dans le territoire neutre sans d'abord obtenir la permission de la Russie.

Tout le monde sait aujourdhui que M. Hanotaux, alors ministre des affaires étrangères en France, conseilla au cabinet de Saint-Pétersbourg de ne pas faire de Port-Arthur une station navale russe. M. Witte, alors ministre des finances en Russie était également assez de cet avis. Mais cet appel à la modération, tout raisonnable qu'il fut, ne fut pas écouté et le journal officiel russe à l'époque de la signature à Pékin du premier acte, fut encouragé, d'un autre côté, à se laisser aller à l'expression des paroles les plus extravagantes. Par exemple, voici ce qu'écrit le "Novoe Vremya" en date du 6 avril 1898:

> "La Russie peut, si bon lui semble, construire une ligne de chemin de fer de Talien-Wan, le long de la côte occidentale de la péninsule de Liao-Tung jusqu'à tel point qu'il lui plaira. La construction d'une ligne sur la côte de l'ouest nous est aussi nécessaire que celle d'une ligne sur la côte orientale le long

du littoral du golfe de Corée. Jusqu'à la ville du Yi-Ju sur le Yalu, point à partir du quel une compagnie française a obtenu le droit de construire une ligne au sud jusqu'à Seoul. Si le gouvernement russe ne regarde pas comme nécessaire l'acquisition du chemin de fer de Chemulpho à Seoul, chemin de fer dont la ligne a été construite par le Morse Américain et qui est en voie de passer aux mains des Japonais, cela ne fait que prouver notre conviction que nous arriverons à posséder une ligne à nous de la Mandchourie à la capitale de la Corée. Une telle ligne serait d'un avantage considérable pour le commerce et les intérêts du Japon; et le gouvernement japonais en train de faire tout son possible pour encourager son commerce a maintenant à choisir entre un jeu très incertain d'influence politique en Corée et la vente de ses produits en Corée et en Mandchourie *sous la protection du drapeau et des baïonnettes russes.* La construction d'un chemin de fer russe en Mandchourie doit enfin ouvrir les yeux du Japon sur l'avantage d'une entente avec la Russie. Une telle entente pourrait en effet le sauver d'une débâcle financière et être avantageuse à sa population méridionale que la pauvreté oblige à émigrer. Que le Japon joue donc un rôle commercial, tandis que la Russie joue le rôle politique..... De plus, si la Russie et le Japon agissaient de concert, cela tendrait à arrêter les entreprises dangereuses de l'Angleterre dans le golfe de Pe-chih-li qui est la sphère naturelle de l'influence russe. A chaque pas fait par la Russie dans la voie de progrès politique, l'Angleterre désire quelque compensation pour son propre avantage. Si l'Angleterre saisit Wei-Hai-Wei, elle peut s'attendre à ce que la Russie demande des extensions de territoire dans l'Asie centrale. Les rôles seront alors intervertis et la Russie réclamera une forte compensation pour chaque acquisition faite par l'Angleterre. Un tel procédé apaiserait sans doute l'appétit des hommes d'Etat de l'Angleterre."

Ce journal alla même plus loin encore, car il osa affirmer dans son prochain numéro qu'on devrait regarder le traité de 1895 (traité Anglo-russe) comme ayant cessè d'exister. Il y a cependant un point digne de remarque: c'est que, d'après la meilleure autorité, ce traité contenait quelques stipulations en vertu des quelles la souveraineté de la Chine dans les régions mentionnées etait garantie et que la concession pour le chemin de fer dont il y était question "ne devait jamais servir de prétexte à un empiètement du territoire chinois; enfin cette concession ne devait en rien entraver l'autorité ou les intérêts de la Chine". Le 1er juin 1898, le Chargé d'Affaires de Russie fit savoir par une circulaire envoyée à tous ses collègues à Pékin que par ordre du comte Mouravieff, "des passeports devenaient obligatoires pour Port-Arthur et Talien-Wan"; ceci causa une vive controverse, car il était tout à fait en désaccord avec les droits de traité dont jouissaient les autres puissances que la Russie fît une telle stipulation. Cependant, pour une raison ou une autre, elle arriva à éviter la solution de cette controverse et on laissa la question pendante sans arriver à aucune entente définitive à ce sujet.

Le mouvement anti-chrétien dans le nord de la Chine, autrement connu sous le nom d'insurrection des Boxeurs, en 1900, marque la date d'un moment fort critique dans les affaires d'Extrême-Orient. En présence de ce gigantesque soulèvement les affaires de Port-Arthur et de Talien-Wan deviennent presque insignifiantes. Pendant que ces graves questions tombaient dans un oubli relatif, la Russie eut une excellente occasion de mettre en jeu sa diplomatie tortueuse et égoïste et de s'efforcer de s'agrandir aux dépens des autres puissances. Il est possible, en vérité, que ce qu'elle dit et ce qu'elle fit n'aient pas toujours été dit et fait dans l'intention de tromper "ab initio"; mais le resultat fut tout comme si tel eut été le cas. Le soulèvement des Boxeurs commença de bonne heure dans l'année mentionnée plus haut, et vers le commencement de juin, il avait acquis un aspect alarmant.

Toutes les puissances firent de leur mieux pour faire face à cette circonstance critique et elles envoyèrent des vaisseaux et débarquèrent des troupes, chacune dans la mesure de son possible. Mais à cause même de la nature de la localité, de la distance et du nombre fort limité des troupes qu'on avait sous la main, les mesures prises furent loin d'être efficaces.

Le Japon était la seule puissance capable d'agir d'une manière efficace dans cette difficulté commune et un désir presque unanime se manifesta que le Japon se rangeât du côté des nations chrétiennes contre les Boxeurs et se mît à la tête du mouvement organisé pour leur suppression.

En conséquence, le 13 juin, le vicomte Aoki, alors ministre des affaires étrangères au Japon, fit savoir au gouvernement anglais par l'intermédiaire du Chargé d'Affaires de ce gouvernement que, "dans le cas où les détachements navals étrangers actuellement débarqués se trouveraient enveloppés ou d'une façon ou d'autre en danger, le Japon était prêt à envoyer immédiatement une force considérable à leur secours, si toutefois le gouvernement de sa Majesté la Reine accédait à ce plan; sinon, le Japon déclarait qu'il n'avait pas l'intention d'envoyer de soldats". De semblables notifications furent aussi envoyées aux représentants à Tokio des grandes puissances intéressées. Cette détermination prise par le gouvernement japonais n'avait d'autre mobile que son égard aux droits de l'humanité et elle ne cachait aucun dessein politique, aucun motif égoïste. La déclaration faite le 25 juin à Lord Salisbury par Mr. Matsui, Chargé d'Affaires du Japon à Londres, prouve encore plus clairement quels étaient les sentiments du Japon à cet égard. Le Japon, dans le cas où une force considérable serait envoyée par lui au secours des Légations, "aurait à demander quelque assurance que les autres puissances intéressées dans l'Orient ne s'y opposaient pas". Le désintéressement du Japon fut encore prouvé par les paroles du vicomte Aoki au Chargé d'Affaires d'Angleterre; le vicomte lui dit modestement que "bien que le Japon eût fait de grands progrès, il n'était pas encore de taille à suivre une ligne d'action indépendante dans une crise si grave. Il était de son devoir d'agir de concert avec les autres puissances".

C'est dans cet esprit que le Japon commença la tâche difficile qui lui avait été assignée et il s'en acquitta, nous le croyons, entièrement à la satisfaction des nations occidentales. L'Angleterre, tout au moins, reconnut loyalement les services rendus par le Japon, comme le prouve le télégramme de Lord Salisbury au Chargé d'Affaires d'Angleterre à Tokio, à la fin des opérations entreprises pour la délivrance des Légations de Pékin: "Comme le gouvernement de sa Majesté la Reine a particulièrement pressé le Japon d'envoyer des troupes au secours des Légations, je pense que vous pouvez sans présomption de votre part exprimer au Ministre des Affaires Etrangères l'admiration sincère de ce gouvernement de la bravoure et du haut degré d'excellence des troupes japonaises dans les opérations présentes, les quelles qualités ont si grandement contribué au succès de l'expédition (25 août 1900)".

Mais nous devons maintenant reprendre le fil de notre sujet. Après que le Japon eut signifié sa bonne volonté de se conformer au désir exprimé qu'il envoyât des troupes, une correspondance diplomatique fort active s'engagea entre les puissances et pas une d'elles ne manqua d'apprécier l'à-propos de l'action contemplée par le Japon; il y avait cependant déjà un ton quelque peu sinistre facile à discerner dans la dépêche envoyée au Japon vers le 28 juin. Dans cette dépêche se trouve ce passage:

"Nous ne pouvons qu'apprécier à une haute valeur les sen-"timents exprimés par le Japon dans les circonstances actuelles, "ainsi que l'opinion qu'il exprima sur les affaires de la Chine. "Nous n'avons aucun désir d'entraver sa liberté d'action, surtout "après l'expression de sa ferme intention de marcher de concert "avec les autres puissances".

Le 4 juillet, le Marquis de Salisbury télégraphia à Mr. Whitehead, Chargé d'Affaires d'Angleterre à Tokio; après avoir répété la dépêche alarmante de l'amiral Seymour, il ajoute:

"Cette dépêche indique une position d'extrême gravité. Vous "devriez donc de suite entrer en communication avec les ministres "du Japon. Le Japon est la seule puissance qui puisse envoyer "de rapides renforcements à Tien-tsin. Aucune puissance euro-"péenne n'a fait d'objection à ce que le Japon agisse ainsi".

A peine deux jours plus tard, le 6 juillet, le gouvernement anglais renouvela sa pressante requête au Japon et offrit en même temps une aide financière. C'est en ces termes que le Marquis de Salisbury télégraphia à Mr. Whitehead:

"Le Japon est la seule puissance capable d'agir avec quelque chance de succès dans l'entreprise si urgente de la délivrance des Légations. Si le gouvernement japonais temporise, une lourde responsabilité doit retomber sur lui. Quant à nous, nous sommes prêts à fournir toute aide financière qui puisse être nécessaire, outre nos troupes déjà sur les lieux".

Concernant cette aide financière. Lord Salisbury expliqua à Mr. Whitehead que le gouvernement anglais était prêt à en prendre la responsabilité parce que rien autre chose qu'une fatale perte de temps ne pouvait résulter de négociations internationales. Le jour même le Japon signifia son intention d'envoyer aussi rapidement que possible une force considérable qui, ajoutée à celle qu'il avait déjà envoyée, élèverait son propre contingent à 20 000 hommes. Mais quant à l'aide financière, le Japon, après tout, ne la désirait pas; car il considérait que la tâche qu'il entreprenait était une tâche purement volontaire pour la cause de l'humanité; de plus, il n'avait alors aucun présent besoin d'une telle aide.

Vers le milieu du mois (juillet 1900), la Russie présenta aux grandes puissances, y compris le Japon, des Notes Verbales contenant ce qu'il lui plaisait d'appeler des "Principes Fondamentaux". La date à la quelle ces Notes furent reçues par les puissances fut, à quelques exceptions près, le 13 juillet ou environ et la teneur fut identique dans tous les cas. Pour le Japon, cependant, la note portait date du 8 juillet et elle ne fut remise par le ministre de Russie au vicomte Aoki que le 20 de ce mois.

Comme le sujet est de la plus haute importance, nous donnons ici en entier traduction du texte remis à Lord Salisbury:

"Le 11 juin notre ministre à Tokio nous communiqua que "le Gouvernement Japonais s'était déclaré prêt, vu la situation "pleine de péril à Pékin, d'envoyer ses troupes en Chine afin "de sauver, conjointement avec les autres Etats, les Représen-"tants des Puissances assiégées à Pékin et secourir les étrangers "se trouvant dans l'Empire, parmi lesquels le Japon compte de "nombreux sujets. Tout concours au but indiqué ne pouvait "rencontrer que l'accueil le plus sympathique de la part de "toutes les puissances. D'autre part, le Japon grâce aux con-"ditions géographiques pouvant, par l'envoi d'un contingent con-"sidérable, faciliter essentiellement la tâche des détachements "internationaux se trouvant déjà à Tien-tsin, nous nous em-"pressâmes d'informer le cabinet de Tokio que nous ne voyions "aucune raison d'entraver sa liberté d'action à ce sujet, d'autant "plus qu'il avait exprimé la ferme résolution d'agir en complet "accord avec les autres puissances. La décision prise par le "Gouvernement Japonais, dans les conditions indiquées était "toute naturelle, vu le danger qui menaçait tout autant ses "Représentants à Pékin, que ses nombreux sujets résidant en "Chine; mais à notre point de vue, l'accomplissement de cette "tâche ne saurait impliquer des droits d'une solution indépen-"dante des affaires à Pékin, ni d'autres privilèges, à l'exception, "peut-être, d'une plus grande indemnité pécuniaire, si plus tard "les puissances avaient considéré nécessaire d'en demander une.

"Presque simultanément, nous reçumes du Cabinet de Londres "une communication à ce sujet, dans la quelle il s'agissait déjà "non d'une décision spontanée du cabinet de Tokio de participer "à l'action collective des puissances, mais d'une mission donnée, "par l'Europe au Japon, d'envoyer en Chine des forces con-"sidérables non seulement pour sauver les Légations et les sujets "étrangers, mais aussi en vue de répression du mouvement in-"surrectionel provoqué par les Boxeurs et l'établissement de "l'ordre à Pékin et Tien-tsin. Cette manière de poser la question "pourrait à notre avis dans une certaine mesure enfreindre les "principes fondamentaux qui avaient déjà été acceptés par la "majorité des puissances comme bases de leur politique relativement aux évènements en Chine, savoir: le maintien de "l'union entre les puissances, maintien du régime gouvernemental "existant en Chine; exclusion de tout ce qui pourrait mener "au partage de l'Empire: enfin le rétablissement par les efforts "communs d'un pouvoir central légitime capable lui-même d'assurer au pays l'ordre et la sécurité. Le ferme établissement "et la stricte observation de ces principes fondamentaux sont, "à notre avis, absolument indispensables pour atteindre le but "principal: le maintien d'une paix durable en Extrême-Orient.

"Le gouvernement Impérial considère qu'en face des évènements menaçants en Chine, qui concernent les intérêts vitaux "des puissances, il est urgent d'éviter tout malentendu ou omission "qui pourraient avoir des suites encore plus dangereuses".

Généralement parlant, il semble vrai que les "Principes Fondamentaux" énoncés par la Russie se rapprochaient le plus des idées alors partagées par les puissances en général. Pas une de ces puissances cependant, il faut le remarquer, n'avait l'intention de partager l'empire chinois. L'Amérique avait de bonne heure pendant ce mois exprimé publiquement ses vues sur ce sujet; quant à la Russie, après que la Chine l'eut consultée à cet égard, elle avait exprimé sa volonté (au dire du ministre de la Chine à Londres à Lord Salisbury) de garantir l'intégrité de l'empire chinois, bien que ses intentions cachées, comme nous pouvons maintenant le voir, aient dû être bien différentes de celles qu'elle prétendait avoir. Pour l'Angleterre, elle fut dès le début, ainsi que les autres puissances, fermement résolue à maintenir l'intégrité du territoire chinois. Il y a cependant deux points dans la communication russe détaillée plus haut qui nécessitent tout particulièrement quelque remarque.

Le premier est que l'assertion de la Russie que la majorité des puissances avaient déjà adhéré à ses "principes fondamentaux" était absolument présumée et injustifiable, car il n'y avait pas encore eu à cette époque d'échange de vues entre les puissances à cet égard. Le second point est que la suggestion faite par l'Angleterre que le Japon soit invité à envoyer des troupes en Chine était regardée par la Russie comme tendant à donner au

Japon certains "droits spéciaux" ou privilèges mal définis. Concernant ce second point, la déclaration faite par le comte Lamsdorff aux ambassadeurs d'Allemagne et d'Angleterre quelques jours auparavant avait été beaucoup plus emphatique. Il avait en effet déclaré qu'il y avait de graves objections à ce qu'une nation quelconque obtînt pouvoir d'agir d'une façon indépendante en présence d'une crise si grave. En réalité, il n'y avait pas les moindres raisons de croire qu'un tel pouvoir avait été recherché par le Japon ou proposé par l'Angleterre. Dans tous les cas, le gouvernement anglais n'était pas disposé à laisser passer sans la relever une suggestion si absolument fausse. Une active correspondance diplomatique s'ensuivit alors entre les puissances concernant ces deux points. Enfin on laissa tomber l'incident après l'explication donnée par le comte Lamsdorff et rapportée par l'Ambassadeur d'Angleterre. Voici cette explication:

> "Son Excellence (le comte Lamsdorff) exprima le désir de justifier le gouvernement russe de l'accusation odieuse et entièrement imméritée que ce gouvernement avait hésité à accepter l'aide du Japon et avait par ce fait assumé la grave responsabilité de retarder la prompte délivrance des Légations. Cette accusation avait été insinuée par la presse et dans d'autres milieux. Son Excellence admit que dans le message que je lui ai communiqué il n'était question d'aucun pouvoir spécial conféré par l'Europe au Japon pour lui permettre une action indépendante; au contraire, le comte reconnaissait que la coopération était indiquée par les arguments employés par moi. Cependant le comte maintenait que la question de votre Seigneurie avait été interprétée à Berlin dans le sens d'un pouvoir spécial conféré au Japon et il ajoutait qu'il était possible de donner ce sens aux mots employés: 'une expédition pour rétablir l'ordre à Pékin et à Tien-tsin, si le Japon consent à en entreprendre la tâche'. Bien que le malentendu eût été promptement éclairci, la presse en avait tiré des déductions injustes et l'on aurait dû expliquer clairement dans les instructions envoyées au ministre de Russie à Tokio que la Russie accepterait avec joie toute aide que le Japon se trouverait en état de donner, de concert avec les autres puissances impliquées dans le commun danger".

Le résultat de cet incident fut que la Russie n'en resta que plus liée que jamais à ce qu'elle avait déclaré au monde entier et à ce qu'elle appelait les "principes fondamentaux". Le Japon, de concert avec les puissances occidentales se mit promptement et de tout cœur à la tâche qui lui avait été assignée. Le lecteur ne saurait manquer d'éprouver une vive surprise lorsqu'il découvrira, comme il va le faire prochainement, que l'instigateur et propagateur de ces sublimes "principes fondamentaux" fut le premier à essayer de les dépouiller de leur utile application et que ce fut la puissance contre la quelle on s'était efforcé d'exciter et d'entretenir la méfiance qui se montra honnête et patiente dans l'exécution de la tâche qu'elle avait entrepris d'accomplir. Le siège des Légations de Pékin et le récit de l'expédition des forces alliées pour leur délivrance forment maintenant un chapitre d'histoire que tout le monde connaît. Il est donc presque inutile de rappeler ici que Sir Claude Macdonald fut mis par ses collègues à la tête des mouvements de défense; il n'est pas non plus nécessaire de redire que Sir Claude donna à un jeune officier japonais, le lieutenant-colonel Shiba, le commandement d'un point très important et que plus tard il mentionna dans ses dépêches cet officier japonais à cause des grands talents dont il fit preuve. C'est lui en effet qui contesta chaque pouce de terrain au moment le plus critique, gagnant ainsi un temps précieux pour organiser les défenses dans un ordre complet et c'est à cette tactique qu'est dû surtout le succès qu'on obtint par la suite, tandis que c'est encore à elle qu'il faut attribuer la préservation de bien des vies dans un moment de danger sans pareil. Nous passerons aussi sans commentaire sur la magnifique organisation des forces alliées et sur la part remarquable prise par les troupes japonaises pendant l'avance sur Pékin. Qu'il nous suffise ici de dire qu'à tout prendre l'expédition de secours pour les étrangers des Légations assiégées et le triomphe définitif qu'on arriva à obtenir sur les cohortes du désordre et du fanatisme sont devenus des épisodes dans l'histoire du monde. Ces efforts pour la cause commune de l'humanité ne seront jamais oubliés. En même temps, l'harmonie parfaite et la loyauté de toutes les nations qui prirent part à cette glorieuse expédition sont sans précédent dans l'histoire.

Il nous faut cependant exclure de cette appréciation élogieuse la cruauté dont les troupes russes firent preuve et qui excita tant de commentaires à cette époque. Il y a enfin une autre exception à faire à l'égard d'un nuage noir et menaçant qui de temps en temps obscurcit l'horizon et dont nous reparlerons plus tard. L'influence malicieuse qui commença dès lors de se faire sentir fut causée par la Russie qui, dès cette époque, indiqua que c'était chez elle une disposition iñnée de jouer un rôle indigne. Par exemple, de bonne heure en juillet, des troupes russes avaient occupé la rive gauche de l'Amur, en face de Blagovestchensk sous le prétexte puéril que les Chinois s'étaient rendus coupables de quelque offense, tandis qu'en réalité c'étaient les Russes qui l'avaient causée par leur propre conduit provocative.

Ils avaient commis ce massacre effroyable des Chinois, massacre devant le quel les nations civilisées du monde entier restèrent consternées. Dans cette occasion, comme le comte Tolstoi le décrit fortuitement dans sa lettre récente si remarquable, des milliers d'hommes, de femmes et d'enfants privés de tout secours furent noyés ou massacrés par les Russes, en obéissance aux ordres du commandant russe Gribsky qui lui-même déclara agir d'accord avec un décret impérial.

Bien que le contingent envoyé par la Russie pour prendre part à l'expédition de secours pour Pékin fut relativement petit, le gouvernement russe envoya de nombreuses troupes dans les trois provinces de l'empire chinois qui sont comprises sous le nom de Mandchourie. Nous devons cependant remarquer que le nombre total envoyé par la Russie ne s'éleva pas au tiers de celui qu'elle prétendit avoir envoyé lors de sa demande d'indemnité. Dans les premiers jours d'août, elle occupa le port de traité de Newchwang, y arbora le drapeau russe, se saisit du service de la douane et commença de percevoir les revenus publics pour son propre compte — intrusion tout à fait injustifiable. — Enfin elle saisit la ligne de chemin de fer entre Newchwang et la grande muraille. Nous entrerons plus loin dans plus de détails sur ce sujet. Les procédés de la Russie dans la Mandchourie continuèrent d'être d'une nature arbitraire et peu scrupuleuse. Enfin, en septembre, les Russes portèrent les choses à leur comble: ils célébrèrent en effet une grande fète sur le site de la ville chinoise de Sakalin, préalablement brûlée en juillet et qu'ils avaient renommée Ilinsky, sur la rive méridionale de l'Amur, en honneur de la "*délivrance*" de Blagovestchensk, (pour nous servir de leur épithète). Le "Novoe Vremya" dans un télégramme envoyé de cette ville décrit ainsi cette fonction indécente et blasphématoire:

"Aujourdhui sur la rive chinoise de l'Amur et sur les cendres de Sakalin a été célébré un service solennel d'actions de grâces en commémoration de la délivrance de cette ville par les forces de la Russie. Ce service comprenait aussi la cérémonie ayant pour but de renommer ce poste Ilinsky. Il eut lieu en présence des autorités administratives, militaires et autres et de l'officier anglais Bigham, ainsi que d'une foule considérable. Le grand-prêtre Konoploff dit: 'la croix est maintenant élevée sur cette rive de l'Amur hier encore chinoise. Mouravieff a prédit que tôt ou tard cette rive nous écherrait'. Dans un magnifique discours le général Gribsky complimenta les troupes victorieuses" (7 septembre).

Voyons maintenant ce qu'était en train de faire la Russie pendant tout ce temps dans les sentiers tortueux de sa diplomatie. Lorsque, dans le mois de juillet, l'idée de concentrer le commandement général des forces internationales fut discutée sur le continent (idée qui aboutit à la résolution d'envoyer en Chine le général allemand, le comte von Waldersee, pour prendre le commandement des troupes,) la Russie appuya sur l'importance des "mesures militaires ultérieures". Elle déclara en outre son opposition au choix d'un commandant en chef, soit à cause de son ancienneté de grade par rapport aux autres généraux, soit à cause du plus grand contingent qu'il se pourrait qu'il commandât. Elle invita donc les autres puissances interessées à exprimer leur opinion concernant cette question.

Le mobile caché de cette façon d'agir était facile à découvrir et il serait maintenant inutile de l'expliquer. De plus, lorsque l'Angleterre demanda au comte Lamsdorff de plus amples explications concernant "les mesures militaires ultérieures" que la Russie paraissait avoir en vue et aussi touchant les limites qu'il faudrait fixer à l'autorité de ce généralissime, l'ambassadeur d'Angleterre fut informé que le terrain des opérations des forces internationales pouvait être approximativement défini comme comprenant la province de Pe-chih-li. Quant aux autres parties de la Chine où du danger pourrait se présenter, il était clair que l'organisation de toutes mesures militaires nécessaires devrait être l'objet d'une action indépendante. "Par exemple, la Russie aurait à prendre des mesures militaires indépendantes dans le nord de la Chine sur les confins de son propre territoire et de son chemin de fer; et il était à supposer que les autres puissances agiraient de même dans le centre et dans le sud de la Chine, où leurs propres intérêts territoriaux et spéciaux étaient plus particulièrement situés".

A première vue, cette déclaration semble fort raisonnable ; mais il n'est pas difficile de découvrir la nature specieuse caché derrière ces suggestions. Dans tous les cas, une chose certaine est que si une action indépendante était prise, peu importe dans quelle partie de la Chine, elle devait être nécessairement sujette aux restrictions enjointes dans la ligne générale de politique que la Russie avait elle-même formulée sous le nom de "principes fondamentaux" et que, aux yeux du monde entier, elle était tenue d'observer.

Le 14 août 1900, les forces internationales entrèrent à Pékin et les Légations furent délivrées. Huit jours plus tard, le 22 du mois, Sir Charles Scott, d'après les instructions de Lord Salisbury, questionna le comte Lamsdorff concernant la situation à Newchwang d'où certaines nouvelles impliquant une agression de la part de la Russie étaient parvenues le 20 du mois au gouvernement anglais. Le comte répondit aussitôt que "toute mesure prise ne pouvait être que temporaire et provisoire." Il promit en même temps "de s'enquérir des faits exacts de la position." Mais à quoi cela aboutit-il? Le 28 août et les quelques jours suivants des communications identiques furent envoyées par le gouvernement russe à toutes les puissances intéressées et la lecture du texte de ces dépêches suggère l'intention de la Russie de faire d'une pierre deux coups. Ces communications commencent par la répétition de l'antique déclaration que la Russie restait fidèle aux "principes fondamentaux" qu'elle avait soumis aux puissances pour servir de base de commune action.

La Russie annonçait donc son intention d'adhérer rigoureusement à l'avenir au programme énoncé dans ces "principes fondamentaux." Ensuite vient une explication concernant Newchwang: si ce port avait été occupé et si des troupes avaient été envoyées en Mandchourie, il fallait en attribuer la cause au cours des évènements, par exemple à l'attaque fait par les rebelles sur les troupes russes à Newchwang et aux hostilités commencées par les Chinois sur la frontière russe. De plus, les actions de la Russie avaient été uniquement causées par la nécessité absolue où elle se trouvait de repousser l'agression des rebelles chinois et en aucune façon par des motifs égoïstes, "de tels motifs étant tout à fait étrangers à la politique du gouvernement impérial russe."

"Dès que la pacification de la Mandchourie sera complétée (ajoute chaque communication) et dès que les mesures nécessaires pour la protection du chemin de fer auront été prises, la Russie ne manquera pas de retirer ses troupes du territoire chinois, pourvu qu'une telle action de sa part ne soit point entravée par des obstacles provenant des autres puissances."

Puis on en vient à dire que, par l'occupation de Pékin, le premier objet en vue, et l'objet le plus important, c'est à dire la délivrance des Légations et des étrangers assiégés dans la capitale de la Chine, a été atteint. Quant au second objet en vue, c'est à dire celui d'aider la Chine à rétablir l'ordre et à reprendre ses relations régulières avec les autres puissances, il avait, disait-on, été retardé par l'absence de Pékin de la cour impériale chinoise.

Dans ces circonstances, le cabinet de Saint-Pétersbourg ne voyait plus de raison pour maintenir sa Légation à Pékin et il avait l'intention de la transférer à Tien-tsin, ainsi que les troupes russes dont la présence à Pékin était maintenant devenue inutile en vertu de la décision prise de ne pas dépasser les limites de la tâche que, alléguait-on, la Russie avait entreprise au commencement des désordres.

Le principal résultat de ces communications fut d'augmenter le soupçon déjà croissant de tous côtés concernant la sincérité des intentions de la Russie. C'est en vain qu'elle répétait, comme elle l'avait déjà si souvent fait, la déclaration de ses "principes fondamentaux"; la question d'importance vitale était de savoir si la Russie avait ou non une intention loyale et honnête d'être elle-même liée par ces mêmes "principes."

Cette phrase: "à moins que l'action des autres puissances ne l'en empêche," la quelle paraît à plusieurs reprises, était bien de nature à éveiller un certain degré de méfiance. La seule interprétation dont elle était capable, comme le prouva la suite, c'est qu'elle pouvait fournir à la Russie un prétexte vraiment plausible pour la violation de ses promesses. C'était une porte de derrière adroitement dissimulée et dont la Russie pouvait se servir afin de se soustraire à ses engagements. Quelle puissance, en effet, aurait pu avoir l'intention d'entraver l'action de la Russie, tant que l'objet de cette dernière serait purement et simplement d'agir selon ses promesses? Quant à l'intention de la Russie de retirer de Pékin sa Légation et ses troupes, intention qu'elle exécuta promptement sans attendre l'approbation des autres puissances, il faut dire qu'il n'y avait encore qu'environ quinze jours que la capitale de la Chine avait été soustraite à un sort terrible; ajoutons aussi que l'opinion des autres puissances était qu'un grand danger s'attachait encore à une trop prompte évacuation de cette capitale. La Russie n'en adhéra pas moins avec grand entêtement au plan qu'elle s'était tracé. Son attitude à l'égard du rétablissement du gouvernement chinois fut en outre tout à fait en désaccord avec les principes aux quels, dans la première partie de sa communication, elle déclarait ouvertement son adhésion. De fait, s'il nous faut dire la vérité, la conduite de la Russie dans cette occasion ne peut être considérée que comme un moyen de prolonger la durée de l'état troublé des affaires dans la Chine centrale et comme un prétexte pour gagner du temps et affermir ainsi son influence dans la Mandchourie.

Naturellement, il s'ensuivit une correspondance diplomatique fort active et nous donnerons ici le résumé de la réponse que fit l'Amérique à la communication russe; car cette réponse nous semble exprimer exactement les sentiments alors partagés par les autres puissances. L'Amérique exprimait sa satisfaction de la déclaration réitérée de la Russie que cette dernière n'avait aucune intention d'agrandir son territoire aux dépens de celui de la Chine; elle se réjouissait en outre d'apprendre que des assurances étaient sur le point d'être données concernant l'occupation de Newchwang qui, selon l'explication de la Russie, n'était due qu'à des mesures militaires accessoires; en effet dès que l'ordre serait rétabli, la Russie s'engageait à rappeler ses troupes du port de traité. Ensuite la réponse en venait aux tâches importantes qui restaient encore à accomplir, par exemple: le rétablissement de l'ordre; la sécurité et la paix générale de la Chine; la préservation de l'unité territoriale et administrative de cette même nation; la sauvegarde de tous les droits qui étaient garantis aux puissances amis, soit par des traités ou par droit international et la protection en faveur du monde entier d'un commerce impartial et égal avec toutes les parties de l'empire chinois. La continuation de l'occupation de Pékin par les forces alliées serait, déclarait ensuite cette réponse, le meilleur moyen d'arriver à ces fins désirables. Enfin elle appuyait fortement sur l'importance du maintien de la concorde entre les puissances, exprimant de cette façon d'une manière indirecte sa désapprobation de l'attitude de la Russie.

Le 29 août, immédiatement après que la Russie eut envoyé aux puissances la communication mentionnée plus haut, le comte Lamsdorff, dans une longue conversation avec l'ambassadeur d'Angleterre, parla en termes très décisifs de la détermination de la part de la Russie d'adhérer aux prétendus "principes fondamentaux".

"On avait assumé", ajouta-t-il, "que la Russie profitait de la crise actuelle pour étendre son territoire et accroître son influence aux dépens de la Chine. C'est là l'interprétation qu'on avait donnée à l'occupation par la Russie d'un territoire sur la rive droite de l'Amur en Mandchourie et à Newchwang c'est là la manière dont on avait expliqué le contrôle exercé par la Russie sur la douane et son accaparement des lignes de chemin de fer, lignes dans les quelles des capitaux étrangers étaient intéressés. Cette vue de la situation, déclara le comte, était absolument fausse. La Russie n'avait certainement aucune des intentions qu'on lui attribuait; au contraire, son dessein bien arrêté était de rétablir dans leur position antérieure tous les endroits qu'elle s'était vue obligée d'occuper temporairement à cause de l'attaque des rebelles chinois sur sa frontière, aussitôt que le 'status quo ante' et le bon ordre seraient restaurés".

Ces mots de Ben Jonson peuvent bien nous venir à l'esprit en cette occassion:

"La vérité perd sa dignité par trop de protestations."

Le 11 septembre, Sir Charles Scott annonça au comte Lamsdorff, d'après les instructions qu'il avait reçues de Lord Salisbury, que dans l'opinion du gouvernement de sa Majesté, l'époque où il serait opportun de rappeler les troupes anglaises cantonnées à Pékin n'était pas encore arrivé. Il paraîtrait que vers cette époque les commentaires devinrent de plus en plus énergiques à mesure que les plans et les motifs de la Russie devenaient de plus en plus mystérieux. Il est donc à présumer que ce fut dans l'intention de calmer cette anxiété croissante que le comte Lamsdorff pria Sir Charles Scott d'expliquer clairement au gouvernement anglais que la différente ligne de conduite que la Russie avait décidé de suivre ne devait en aucune façon être considérée comme une preuve qu'elle avait l'intention de se séparer du concert des nations; si la Russie avait adopté cette façon d'agir, c'était parce qu'elle considérait qu'il lui était avantageux d'avoir aussitôt que possible ses propres troupes et son propre ministre dans tel endroit où les moyens de communication avec le gouvernement seraient faciles et rapides. Il affirmait en outre que l'empereur de Russie était plus déterminé que jamais à demeurer dans une loyale coopération avec toutes les autres puissances et de s'en tenir à l'arrangement fait avec ces puissances concernant le commun but en vue. Il affirmait aussi que l'action et les plans de la Russie ne dépasser aient enrien ceux qui avaient été définis dans sa propre circulaire et enfin qu'il n'y avait rien de plus éloigné de l'esprit de l'Empereur que la pensée des motifs vils et égoïstes que certains journaux étrangers lui avaient attribués. Lorsque l'ambassadeur d'Angleterre, le 13 septembre, dirigea l'attention du comte Lamsdorff sur le compte-rendu de la fête en honneur de la soi-disante "délivrance de Blagovestchensk" rapportée dans une page précédente, désapprouvant cette fête comme étant contraire aux vues exprimées par la Russie, le comte Lamsdorff pria le représentant de l'Anglettere de ne plus s'occuper d'une action dont l'instigateur n'était qu'un commandant militaire et il réitéra ensuite l'assurance déjà donnée par le gouvernement russe que la Russie n'avait aucune intention d'acquérir de territoire en Chine. Comme explication de ce qui s'était passé à Blagovestchensk, il dit que les distances étaient si grandes et les moyens de communication si rares qu'il n'était pas facile de tenir les parties lointaines de l'empire au courant des vues du gouvernement central. Vraiment c'était bien là une explication à la russe! Tandis que des discussions de ce genre avaient lieu à Saint-Pétersbourg, des actes plus audacieux étaient chaque jour commis dans la Mandchourie même. Le 17 août, un code de règlements fut publié dans "la gazette de l'Amur" au nom du Lieutenant-général Gribsky, gouverneur militaire. D'après ces règlements, il était proclamé que le territoire mandchourien du Trans-Zeya et aussi celui qui avat été occupé par les troupes russes sur la rive droite de l'Amur avaient passé sous la juridiction des autorités russes. Il était défendu aux Chinois qui avaient abandonné la rive du fleuve pour se rendre dans la région du Trans-Zeya de revenir sur cette rive et les colons russes s'approprièrent leurs terres pour leur propre usage. Il était également défendu à tous les simples particuliers de s'établir sur les sites autrefois occupés par les villes d'Ai-gun et de Sakalin, tous deux du côté mandchourien de la frontière, et aussi dans leur vicinité. La restauration de ces villes était interdite et les édifices chinois qui s'y trouvaient encore debout devaient servir de magasins pour les munitions et de logements pour les troupes russes.

Les choses étant ainsi, il n'est pas étonnant que dans quelques journaux continentaux on déclarait que la Russie avait annéxé les territoires mandchouriens limitrophes de ses propres frontières. Une dénégation officielle fut publiée le 1er octobre dans le "messager officiel", déclarant que la rumeur d'une annéxion était absolument sans fondement. Il se peut que certaines actions des autorités militaires russes n'eussent pas obtenu l'adhésion entière du ministère des affaires étrangères de Saint-Pétersbourg; toujours est-il qu'il était facile de voir sur quelle pente la politique de la Russie était engagée. Dans la première semaine d'octobre, toute la Mandchourie se trouvait dans la possession de la Russie, y compris le palais de Mukden et la gare de Ying-kow qui est la tête de ligne du chemin de fer de Shanhaikwan, sur les quels le drapeau russe fut arboré, sans parler de la plupart des bureaux d'administration, du télégraphe et des fils télégraphiques. Il peut être utile de se rappeler que lorsque les troupes russes occupèrent Newchwang et arborèrent leur drapeau sur les bâtiments de la douane, les consuls d'Angleterre, d'Amérique et du Japon envoyèrent aux autorités russes une formelle notification déclarant qu'il était supposé que cette mesure prise par la Russie n'était que temporaire et due seulement à des exigences militaires et que leurs gouvernements réclamaient le maintien de tous les droits et privilèges dont ils avaient joui jusqu'alors. L'amiral Alexieff, dans sa réponse officielle, laissa à entendre que l'administration temporaire que la Russie était sur le point d'établir dans ces régions n'était qu'une mesure prise dans l'intérêt des résidents étrangers, aussi bien que dans celui des Russes, et il déclarait que les droits et privilèges dont ils avaient jusqu'alors joui dans la colonie (Ying-kow) ne seraient pas enfreints. Cette administration fut donc établie, mais ce ne fut pas la mesure temporaire qu'on avait promise et l'on ne saurait en attribuer la cause aux exigences militaires. Elle ne cessa que longtemps après qu'il eût été possible de lui attribuer quelque utilité même avec un semblant de décence. De fait, ce ne fut qu'à la fin de juillet de l'année présente que cette administration cessa par suite de considérations militaires d'une autre nature qui en décidèrent le rappel en toute hâte.

Pendant que nous en sommes à ce sujet, peut-être ne sera-t-il pas hors de place de rappeler brièvement quelques incidents qui prouvent la façon arbitraire d'agir que la Russie adopta concernant le chemin de fer chinois qui relie Pékin avec Shanhaikwan et Newchwang.

Le 8 juillet 1900, les Russes s'emparèrent de ce chemin de

fer à Tien-tsin et mirent à la porte Mr. Claude, W. Kinder et son personnel. Huit jours après le 16 juillet, à un conseil des amiraux qui fut convoqué à bord du vaisseau anglais "Centurion" à Taku à l'instance de l'amiral Alexieff, on décida à la majorité des voix que le chemin de fer entre Tongku et Tien-tsin serait sous l'administration et la protection des Russes occupant alors ces endroits, à la condition que ce chemin de fer serait remis de nouveau aux mains des chinois dès que les circonstances le permettraient. Il ne faut pas oublier que c'est surtout à l'argent de l'Angleterre qu'est due la construction de la ligne du chemin de fer de Pékin et de Newchwang. Par conséquent les intérêts de l'Angleterre prédominaient dans cette question. De fait, la ligne entière est, à quelques exceptions près, hypothéquée au profit des porteurs anglais d'obligations, et la Russie, nous devons le dire, a reconnu dans le principe que tel était le cas. Néanmoins le gouvernement anglais exprima au cabinet de Saint-Pétersbourg son acquiescement à la décision du conseil des amiraux, décision rapportée plus haut, pour cette raison que c'était un arrangement qu'on avait adopté uniquement pour se conformer aux exigences militaires du moment.

Avant cela, les Russes avaient, le 18 juin, occupé cette partie de la colonie étrangère dans la quelle sont situés les bureaux du chemin de fer. De cet endroit ils enlevèrent et transportèrent à Port-Arthur une grande quantité d'outils et de matériel appartenant à l'administration du chemin de fer. De plus, non contents d'avoir fait cela, ils forcèrent les coffres-forts, causant de cette façon la perte d'une somme d'argent considérable et ils détruisirent les archives. Enfin, le 28 du mois, ils mirent le feu aux bureaux et les locaux furent entièrement détruits par les flammes. La manœuvre suivante de la Russie fut de réclamer pour elle seule la reconstruction du chemin de fer de Tien-tsin à Pékin, déclarant que la ligne entière lui avait été concédée par le susdit conseil des amiraux. Ceci était tout à fait en désaccord avec les faits, comme le prouvèrent clairement les minutes de ce conseil, car la sphère d'action de la Russie était expressément limitée à la partie de la ligne entre Tien-tsin et Tongku. Formuler une demande injuste et agir immédiatement d'après cette demande, telle était la manière normale de procéder à la quelle on pouvait s'attendre de la part des Russes.

En conséquence, nous voyons que ceux-ci commencèrent aussitôt d'occuper différents points sur cette route et même d'occuper la gare de Pékin, à l'instant même où les forces alliées entrèrent dans la capitale de la Chine, le 14 août. Bref, selon la juste plainte de la corporation anglaise et chinoise, l'occupation russe du chemin de fer du nord s'effectuait si rapidement et d'une telle façon à cette époque qu'elle donna naissance aux plus sérieuses appréhensions que la Russie avait l'intention d'acquérir cette ligne pour son propre usage d'une façon permanente et définitive.

Lorsque, le 30 août, les troupes anglaises occupèrent la gare de Feng-tai et se mirent à réparer la ligne entre Feng-tai et Yang-tsun, les Russes s'y opposèrent et placèrent un détachement en face de la gare de Feng-tai. Trois semaines plus tard, le 23 septembre, ils allèrent jusqu'à présenter une protestation et une requête formelles, demandant que les troupes anglaises fussent rappelées, attendu que la ligne entière avait été cédée aux Russes. En même temps le commandant russe assurait au général anglais, Sir A. Gaselee, qu'un décret impérial avait été reçu pour la "construction" d'une ligne de chemin de fer jusqu'à Pékin et que lui, le commandant russe, avait donné des ordres en conséquence. Les prétentions de la Russie au droit de la ligne entière étaient simplement une feinte, comme on l'a déjà montré. Naturellement le général anglais ne se laissa pas prendre à un piège si facile à découvrir. Loin de là, il déclara au commandant russe que la Russie était dans son tort.

La dispute s'envenima et la situation devint grave; mais au commencement d'octobre, le comte von Waldersee qui était arrivé sur les lieux quelque temps auparavant prit l'affaire en main et décida que la construction et le contrôle du chemin de fer à partir de Tongku jusqu'à Yang-tsun seraient laissés aux Russes, mais que depuis Yong-tsun jusqu'à Pékin la ligne serait exploitée par l'Allemagne avec l'aide des autres puissances. De cette façon le comte restreignit les prétentions de la Russie. En même temps, il suggéra que la section du chemin de fer entre Tongku et Shanhaikwan fût abandonnée aux Russes. C'est à bon titre que les Anglais considérèrent cette suggestion comme injuste.

Quant au maintien et à l'exploitation de la ligne, il était alors devenu parfaitement clair que le meilleur moyen d'en assurer l'efficacité serait de les confier de nouveau à leur ancienne administration sous la direction de Mr. Kinder et de son personnel. En conséquence, les commandants des troupes anglaises, américaines et japonaises suggérèrent ce plan au comte von Waldersee; mais ce fut inutile. Avant cela, le 30 septembre, un officier anglais avec dix-huit hommes avaient occupé la gare de Shanhaikwan et ils y avaient arboré le drapeau anglais. Deux jours après, le 2 octobre, un corps considérable de troupes russes se rendirent à cet endroit par terre et par eau et refusèrent de reconnaître aucuns droits "excepté des droits de conquête", les quels ils revendiquèrent. Leur réclamation de la ligne entière comme appartenant à la Russie, depuis Tongku jusqu'à Newchwang, reposait uniquement sur ces prétendus droits acquis par conquête.

Le 6 octobre, ils occupèrent la gare de Ying-kow qui est la tête de ligne du chemin de fer chinois et y arborèrent le drapeau russe; tandis qu'en même temps ils firent main basse sur un matériel de chemin de fer représentant cinquante milles anglais, matériel qui fut envoyé à Port-Arthur. Cependant de fréquents rapports étaient parvenus au gouvernement anglais; ces rapports avaient été télégraphiés par l'ambassadeur, le général et l'amiral représentant l'Angleterre; d'autres étaient venus par bien d'autres sources. Comme les faits et gestes de la Russie en Extrême-Orient étaient absolument en désaccord avec les assurances qui avaient été données par le cabinet de Saint-Pétersbourg et comme il ne pouvait y avoir aucun "droit de conquête", le Marquis de Salisbury prit l'affaire en main avec beaucoup d'énergie et plaça des protestations répétées devant le ministre des Affaires Etrangères à Saint-Pétersbourg par l'intermédiaire de l'ambassadeur d'Angleterre. En même temps l'attention du cabinet de Berlin fut dirigée sur l'injustice de la décision du comte von Waldersee; il paraîtrait en effet que le comte avait été démonté par l'extrême astuce des Russes. Comme d'habitude, les réponses que donna la Russie furent un mélange d'envie, de jalousie et d'inconséquence, du commencement à la fin.

Cependant la Russie fut enfin obligée d'abandonner la fausse position qu'elle avait adoptée et elle essaya de trouver un moyen de se tirer de ce mauvais pas. Le moyen qu'elle adopta fut de rappeler ses troupes de Pékin et de Tien-tsin, comme on l'a rapporté plus haut. Conséquemment, le 13 novembre, le comte Lamsdorff put assurer à Sir Charles, alors Mr. Hardinge, le chargé d'Affaires d'Angleterre à Saint-Pétersbourg, que

"la section du chemin de fer de Tongku à Shanhaikwan d'un côté et de Tongku à Tien-tsin de l'autre n'était d'une importance militaire spéciale pour la Russie qu'aussi longtemps que les troupes russes restaient en occupation de la province de Pe-chih-li. Cependant, l'empereur de Russie avait, le 30 octobre, ordonné la réduction des troupes dans cette province et, dès qu'elles furent rappelées de Pékin pour aller s'établir à Tien-tsin, la section Yangtsun-Pékin avait été mise à la disposition du comte von Waldersee. Dès que les troupes russes auraient évacué la province de Pe-chih-li, la ligne entière de Yangtsun à Shanhaikwan serait aussi remise aux mains du feld-maréchal".

Quant à la ligne reliant Shanhaikwan à Newchwang, le comte Lamsdorff eut encore recours à la temporisation, sous prétexte que la gravité des problèmes économiques et géographiques qui étaient impliqués demandaient beaucoup de réflexion. Il déclara en outre que cette ligne ne pourrait être rendue à ses anciens propriétaires que lorsque tous les frais encourus pour le rétablissement et l'exploitation de la ligne entière entre Pékin et Newchwang auraient été remboursés intégralement au gouvernement russe.

Cette demande de remboursement de la part de la Russie était tout à fait injustifiable parce que, comme il le fut démontré, le 23 novembre, par Lord Lansdowne qui avait remplacé Lord Salisbury dans la conduite des affaires étrangères en Angleterre, la Russie n'avait aucun droit à être mise dans une position de préférence concernant le remboursement de tels frais, puisque toutes dépenses contractées pour les expéditions, y compris les dépenses de cette nature, devaient être remboursées plus tard par la Chine. De plus, la Russie n'était pas la seule puissance qui eût encouru des frais de ce genre. Les Japonais, par exemple, avaient eux-mêmes réparé une partie considérable de la ligne; et lorsque leur "bataillon pour le chemin de fer" commença ses travaux, les Boxeurs étaient encore en force dans le voisinage; de sorte qu'il fut nécessaire de les disperser pendant le progrès des travaux. Le résultat de cette affaire fut la perte d'un officier du génie et de plusieurs sous-officiers et simples soldats. De plus, le Japon fut induit en frais considérables de toutes sortes, car il fallut faire venir du Japon même le matériel qu'on ne pouvait se procurer sur le lieu. Les Anglais, et aussi dans une certaine mesure les Allemands, furent engagés dans de semblables travaux de réparation. Des négociations diplomatiques furent donc entretenues avec beaucoup de vigueur; mais comme la Russie n'est pas la nation à se faire le moindre scrupule d'introduire des détails étrangers à la question principale et d'offrir de nouveaux prétextes de délai, lorsque ce plan semble servir ses fins, il est facile d'imaginer qu'une longue période de temps s'écoula avant que la question ne fût réglée.

Avant que la sensation causée par "l'incident de chemin de fer" décrit plus haut ne fût entièrement calmée, un autre incident, appelé "l'incident de Tien-tsin", se produisit et ce dernier fut tout aussi sérieux, sinon plus sérieux, que le premier. Au commencement de novembre 1900, les Russes s'emparèrent d'un site sur la rive gauche du Pei-ho; ce site comprenait le terrain à partir de la gare jusqu'au dépôt de pétrole de la maison Meyer. Ils plantèrent une grande quantité de drapeaux russes et d'écriteaux de distance en distance et le 6 de ce mois, M. Poppé, consul par intérim de Russie, envoya une circulaire aux consuls des autres puissances, les informant que le terrain en question était devenu la propriété de la Russie par acte de guerre. Il est assez drôle que le lendemain même, le consul belge, suivant l'exemple de son collègue russe, envoya au corps consulaire une notification commençant par ces mots: "D'accord avec les instructions reçues de la Légation de Pékin de sa Majesté le Roi des Belges, nous avons en date de ce jour occupé le territoire situé .. etc. etc." et il décrivait ensuite la position exacte de ce territoire qui était contigu à la portion considérable de terrain approprié par la Russie. La circulaire russe était tellement audacieuse que nous pensons bon d'en donner le texte en entier:

"Son Excellence le Lieutenant-Général Linévitch, Comman- "dant-en chef du Corps Expéditionnaire Russe du Pe-chih-li me "charge de vous faire part que comme le 4 (17) juin, année "courante, les troupes Impériales Chinoises se sont jointes aux "émeutiers qui attaquaient les Concessions étrangères et la gare "du chemin de fer occupée par les troupes russes et que le "10 (23) les renforts russes sont venus débloquer ces troupes, "balayaient la rive gauche du Peiho depuis au dessus de la "gare du chemin de fer jusqu'au delà du dépôt de pétrole de "M. M. H. Meyer et Cie, et s'y sont installées par droit de "conquête, s'en étant emparées les armes à la main et au prix "de sang russe versé afin d'empêcher les Chinois d'y revenir "recommencer à tirer sur les Concessions. Son Excellence con- "sidère tout cet espace compris depuis au-dessus de la gare du "chemin de fer jusqu'au delà du dépôt de pétrole comme devenu "à partir de ce jour (10 (23) juin, année courante) propriété "des troupes russes par fait de guerre. Des pavillons russes "ont été plantés et des avis ont été affichés sur des planchettes "placées en de nombreux endroits de ce territoire, qui a été "occupé et patrouillé par les soins des autorites militaires russes.

"En conséquence, Son Excellence ne peut et ne pourra, à "moins d'autorisation spéciale de sa part, reconnaître la moindre "cession de terrains compris dans ce territoire, dont il a pris "pleine et entière possession.

"Il est bien entendu que les droits des propriétés qui "auraient été dûment enregistrées au nom d'étrangers (autres "que Chinois) avant le 4 (17) juin, année courante, seront sauve-"gardés".

Le terrain réclamé par la Russie comprenait en réalité toute la partie de la rive gauche du fleuve en face de la colonie étrangère; il avait un mille et demi de longueur et environ un tiers de mille de largeur. Dans ce terrain était comprise une portion appartenant à l'administration du chemin de fer et d'autres portions encore faisant partie de la propriété privée de quelques maisons anglaises de commerce. Les drapeaux russes n'en flottaient pas moins sur toutes ces portions sans aucune distinction. En outre, la prétention des Russes que c'étaient leurs propres troupes qui avaient effectué l'expulsion des Boxeurs du terrain en question était une prétention dont la justice est fort douteuse. En effet, l'on sait parfaitement que lorsque les troupes russes furent attaquées par les Chinois près de la gare du chemin de fer, ce fut à l'aide si vaillamment rendue par les troupes japonaises qu'est dû dans une grande mesure l'échec des assaillants; on prétend même que c'est grâce à cette aide que les troupes russes ne furent pas mises en déroute.

A la vérité, on croit que c'est dans cette occasion que les Japonais furent à même de se former quelque idée de la qualité des troupes russes au point de vue militaire. Dans la bataille du 23 juin, les forces internationales furent toutes engagées sur un pied d'égalité et les anglaises dans cette occasion jouèrent un rôle important dans la tâche ayant pour but d'effectuer la retraite des troupes chinoises du territoire en question. Le commandant Cradock dans un compte-rendu spécialement dressé pour les autorités anglaises, en réfutation des prétentions de la Russie, alla même jusqu'à affirmer que "sur toute l'avance, notre aile gauche (aile anglaise) toucha le fleuve et notre aile droite fut bien déployée vers le chemin de fer. Aucune troupe allemande ou russe ne contribua en quoi que ce soit à la tâche d'effectuer l'évacuation par l'ennemi de la rive gauche du fleuve".

D'ailleurs les Russes ne jouissaient d'aucun droit exclusif de conquête, même si nous supposons le cas où cette campagne aurait garanti de tels droits à ceux qui en firent part. Les Russes, en effet, par leur occupation de cet endroit ou de tout autre, ne peuvent avoir fait rien autre chose que d'exécuter la tâche qui leur avait été assignée comme partie intégrante de la lutte actuelle dans la quelle toutes les forces internationales étaient unies contre un commun danger. Il y a plus; les Russes, quelque temps après, s'approprièrent délibérément de grandes quantités de machines et de matériel des chantiers du chemin de fer à Tong-shan.

Tout cela fut envoyé à Port-Arthur et ailleurs pour l'usage des lignes russes. Ils enlevèrent aussi la valeur de cinquante mille livres sterling de matériel de chemin de fer des entrepôts des travaux des ponts à Shanhaikwan. Les locaux furent entièrement dépouillés de tout ce qui était transportable. Enfin ils enlevèrent même les grues à vapeur et les machines de toute espèce, ayant, d'après le rapport d'un expert, saisi "tout ce qui leur tomba sous la main".

Il va sans dire que tous ces audacieux procédés rencontrèrent une vigoureuse opposition, non seulement de la part des autorités anglaises et des particuliers ayant des intérêts dans l'Orient, les quels à chaque nouvel outrage adressèrent leurs protestations aux autorités russes, mais aussi de la part du gouvernement anglais qui fit maintes fois des remontrances au cabinet de Saint-Pétersbourg. L'Amérique aussi déclara que l'appropriation par force basée sur un droit de conquête était en désaccord avec les intentions déclarées des puissances et que ce procédé détruisait leur harmonieuse action. Le 16 novembre, le ministre de Russie à Pékin écrivit au ministre d'Amérique que si la communication de M. Poppé contenait quelques expressions suggérant l'idée d'acquisition par droit de conquête, M. Poppé avait certainement en tort de se servir de telles expressions. Le ministre ajouta en outre que l'unique objet des autorités militaires russes avait été simplement d'empêcher que certaines parties intéressées n'accaparassent quelque lambeau de terrain ou ne spéculassent sur quelque terrain compris dans les limites de la sphère occupée depuis le mois de juin dernier par des troupes russes pour raisons militaires.

Quelle futile et quelle frivole insinuation! Enfin lorsque les Russes ne purent plus maintenir davantage leurs projets si pleins d'injustice, ils essayèrent, comme d'habitude, de trouver, avec cette astuce et cet artifice qui les caractérisent, une échappatoire leur permettant de se tirer d'affaire. Ils obtinrent de Li-Hung-Chang la cession — annoncée le 6 janvier 1901 dans une circulaire du consul de Russie par intérim à Tien-tsin — d'un lambeau de terre comme site d'une nouvelle colonie russe, le quel lambeau de terre était en réalité identique avec celui qu'ils avaient si audacieusement envahi.

Il est vrai que cette fois on exclut la partie où se trouvaient les locaux des maisons anglaises de commerce; mais concernant la partie représentant la propriété de l'administration du chemin de fer, l'arrangement pouvait s'interpréter de différentes façons. De fait, on découvrit dans l'acte de concession de ce terrain, lorsqu'il fut publié, que la ligne de démarcation des limites n'avait pas été fixée et que cette question avait été remise à un arrangement ultérieur.

Bien que l'Angleterre dédaignât de mettre en question la validité de la concession; bien qu'elle eût quelque doute concernant la manière dont cette concession avait été obtenue, il était évident que le terrain antérieurement possédé par l'administration du chemin de fer ne pouvait lui être arraché d'une telle façon et il était clair que l'acte de concession ne pouvait être interprété comme comprenant ces terrains. Ainsi donc une dispute fort sérieuse s'engagea immédiatement à ce sujet.

Quant à l'outillage et au matériel dont les Russes dépouillèrent la compagnie du chemin de fer, ils furent à la fin rendus à ceux à qui ils appartenaient. La raison que les Russes donnèrent en explication de cette restitution fut extraordinaire. Ils prétendirent que, comme il n'y avait ni ateliers, ni matériel jusqu'au nord de Shanhaikwan, il leur aurait été impossible de construire cette section septentrionale de la ligne, après que la section du sud aurait été remise aux mains du comte von Waldersee. Ils avaient donc "emprunté" l'outillage et le matériel en question; mais maintenant qu'un arrangement avait été fait leur permettant de faire usage des ateliers de Shanhaikwan pour la construction de la ligne septentrionale, ils rendaient ce matériel emprunté à ceux à qui il appartenait. Le compte-rendu fait par le gouvernement russe sur ce sujet déclarait expressément que *tout* avait été rendu; mais le rapport de l'expert prouve que seulement *une partie* du matériel et de l'outillage fut jamais restitué. De plus, ce rapport prouve aussi que les articles restitués étaient très endommagés et dans un très mauvais état.

Dans les premiers mois de 1901, la ligne de chemin de fer pres de Tien-tsin fut remise par le comte von Waldersee aux mains du contingent anglais qui commença immédiatement la construction d'une gare d'évitement, dans l'intérêt commun des forces internationales. Ce travail fut commencé le 7 mars sur un terrain appartenant à l'administration du chemin de fer. Ici les Russes intervinrent, prétendant qu'en vertu de la concession obtenue de Li-Hung-chang, le terrain appartenait à la Russie. Ils entravèrent aussi très énergiquement à Tien-tsien, à Tongku et à Shanhaikwan le transport de certains effets appartenant à l'administration du chemin de fer et une telle action de leur part était contraire aux termes de la convention des chemins de fer, convention adoptée le mois précédent à l'instance du comte von Waldersee. Le 15 mars, les Russes placèrent des sentinelles sur le terrain où les Anglais étaient en train de construire la gare d'évitement, afin d'empêcher la continuation des travaux; tandis qu'en même temps le général Wogack (le général russe) demanda en réalité que les sentinelles anglaises fussent rappelées de ce terrain. Naturellement, ce genre de procédé ne tarda pas à amener les choses à un état de crise aiguï et la Russie et l'Angleterre se trouvaient à la veille d'en venir aux hostilités; c'est au point que le lendemain, le 16 mars, le ministère de l'Inde télégraphia au général Gaselee pour lui donner ses instructions. La dépêche ajoutait: "en attendant, n'employez la force que pour repousser une attaque et n'expulsez pas les sentinelles russes." Le cabinet de Londres adressa en même temps au cabinet de Saint-Pétersbourg des protestations certainement très vives, mais cependant encore conciliantes. Enfin on arriva à s'entendre et la dispute au sujet des droits de propriété fut réservée pour former l'objet d'un ajustement ultérieur.*) Dans l'intervalle, les troupes anglaises, aussi bien que les troupes russes,

---

*) Cette dispute fut référée à une commission anglo-russe qui alla voir Mr. Detring pour arbitrer sur deux points concernant les quels les deux juges-commissaires ne purent s'entendre. Toute la question a été récemment réglée principalement en faveur de la contention de l'Angleterre.

devaient évacuer le terrain en question. Cet arrangement était contenu dans un acte qui, le 21 mars, fut signé, en présence du comte von Waldersee, par le général Barrow représentant l'Angleterre et le général Wogack la Russie — le comte von Waldersee apposant aussi sa propre signature au document — L'acte spécifiait que les sentinelles russes et anglaises devaient, le lendemain même à cinq heures du matin, évacuer en même temps le terrain contesté.

Les sentinelles des deux nations évacuèrent bien le terrain, comme il avait été convenu; mais avant la fin de ce même jour, à l'étonnement nullement affecté de chacun, à l'exception peut-être de celui des Russes eux-mêmes, les drapeaux russes furent replantés sur la gare même et les travaux furent repris par les soldats russes avec une telle activité que trois jours plus tard, le 25 mars, les autorités militaires anglaises durent télégraphier à leur gouvernement que "les Russes sont en train de travailler sur le terrain disputé à Tien-tsien de telle façon que la position des troupes anglaises est devenue insoutenable." Vraiment il ne saurait y avoir d'exemple plus frappant de la duplicité et du manque absolu de sincérité du gouvernement russe!

Le cabinet de Londres adressa naturellement des remontrances au cabinet de Saint-Pétersbourg et conséquemment les drapeaux russes disparurent peu à peu et de mauvaise grâce du terrain contesté, le dernier n'étant enlevé que le 4 avril suivant. Au moment même où ces procédés arbitraires avaient lieu à Tien-tsin, le comte Lamsdorff

> "exprimait sa surprise" — pour nous servir de son expression — "que les mesures temporaires prises par les autorités russes eussent été regardées comme étant en quoi que ce soit opposées aux assurances données par la Russie qu'elle ne désirait pas faire d'acquisitions territoriales en Chine."

Tandis que "l'incident de chemin de fer" rapporté plus haut occupait l'attention des puissances intéressées, une entente fut signée, le 16 octobre 1900, entre l'Angleterre et l'Allemagne. Par cette entente, il était mutuellement reconnu que (a) c'était une question d'un intérêt international, d'un intérêt commun et permanent, que tous les ports chinois situés sur les fleuves et le littoral de la Chine restassent libres et ouverts à toutes les nations. Les deux gouvernements se chargeaient de veiller dans la mesure de leur propre influence à ce que ce dictum fut maintenu dans tout le territoire chinois. (b) Les deux gouvernements, de leur côté, ne mettraient pas à profit les complications actuelles pour obtenir quelque avantage territorial; de plus, ils s'engageaient à faire de leur mieux pour sauvegarder l'unité territoriale de la Chine. (c) Dans le cas où une puissance quelconque mettrait à profit ces complications pour obtenir sous une forme quelconque de tels avantages territoriaux, les deux gouvernements se réservaient le droit de s'entendre concernant les moyens à prendre pour la protection de leurs propres intérêts en Chine. (d) Les autres puissances seraient invitées à accepter le principe ainsi formulé. En conséquence, les puissances reçurent cette invitation et l'Autriche-Hongrie, la France, l'Italie, le Japon, la Russie et l'Amérique donnèrent au temps voulu leur assentiment. Quant au Japon, il demanda particulièrement aux deux puissances contractantes quel devait être l'effet d'adhésion au principe de l'entente anglo-allemande. Les deux gouvernements répondirent qu'un accepteur occuperait absolument la même position qu'un des signataires. Alors le Japon exprima son adhésion en bonne forme. Il est donc évident que les autres puissances qui donnèrent aussi leur assentiment, bien qu'elles n'eussent pas posé de question comme l'avait fait le Japon, se trouvaient "pari passu" dans la même position que les puissances signataires.

Le meilleur de la farce, si nous pouvons nous permettre cette expression, se trouve dans la position où la Russie se trouva soudainement placée. Lorsque l'entente lui fut communiquée pour solliciter son assentiment, l'ambassadeur d'Angleterre à Saint-Pétersbourg fut enjoint par le marquis de Salisbury de faire remarquer — dans le cas où la Russie se plaindrait de ne pas avoir été consultée plus tôt — que le gouvernement russe avait dans le passé donné beaucoup d'assurances, mais que ses propres officiers sur le lieu avaient fait peu d'attention à la politique professée par leur gouvernement et que c'était là la raison pour la quelle l'Angleterre avait été empêchée de faire une communication plus explicite.

Le gouvernement russe accepta, néanmoins, l'entente sans sourciller et voici sa communication en raccourci à ce sujet: (a) La première partie de l'entente peut être favorablement accueillie par la Russie, puisque cette clause ne change en rien le "status quo" établi en Chine par les traités en vigueur.

(b) La seconde clause s'accorde d'autant mieux avec les intentions de la Russie que cette puissance a, dès le commencement des complications actuelles, été la première à établir en principe le maintien de l'intégrité territoriale de l'empire chinois; ce principe formant la base fondamentale de sa politique. (c) Quant à la troisième clause, c'est à dire celle se rapportant au cas où ce principe serait attaqué, le gouvernement russe ne peut que répéter sa déclaration qu'une telle attaque forcerait la Russie à modifier son attitude selon les circonstances.

Si l'on considère que d'après l'état actuel des choses la Russie était absolument la seule puissance d'où l'on pût s'attendre à quelque violation du principe fondamental qu'elle avait posé, son acquiescement cérémonieux à l'entente anglo-allemande et son intention formelle ainsi exprimée de régler sa conduite d'après cette entente provoquent un sourire. Cette façon d'agir ne prouvait-elle pas en effet l'intention manifeste qu'avait la Russie de jeter de la poudre aux yeux de l'Europe et de l'Amérique?

Dans les pages précédentes, nous n'avons qu'en partie exposé à la lumière du jour les violations audacieuses et arbitraires par la Russie de ses promesses solennelles et de traités en vigueur. Malheureusement il y a des charges plus sérieuses encore à inscrire dans son acte d'accusation; mais nous devons les réserver pour former le sujet d'un autre article. Comme nous aurons à le prouver, les doctrines professées par les politiques russes, et surtout celles dont nous avons vu l'application faite aux questions d'Extrême-Orient, ne sont rien moins qu'un péril pour le monde entier en général, car elles doivent avec le temps saper la base de toutes relations diplomatiques et constituer une menace permanente à la paix des nations.

"Comment la Russie amena la guerre".

(2ème partie.)

A l'époque dont il est question dans le dernier paragraphe de la Première Partie de cet article, les négociations de paix avaient commencé de revêtir une forme plus définie. La Chine avait tout du long indiqué son désir d'accéder à des demandes raisonnables et vers la fin d'août 1900 le prince Ching et Li-Hung-Chang furent choisis comme ses co-plénipotentiaires. Les Puissances échangèrent leurs vues avec grande activité et les choses étaient allées si loin qu'en octobre les plénipotentiaires chinois soumirent un Memorandum aux corps diplomatiques de Pékin. Dans ce Memorandum, entre autres détails, la Chine reconnaissait son tort d'avoir fait le siège des Légations Etrangères et elle promettait que cela ne se renouvellerait plus. Elle se reconnaissait en outre responsable de payer une indemnité adéquate et elle se déclarait prête à reviser les traités de commerce. A la fin, grâce aux efforts combinés des Ministres des Puissances, on s'entendit concernant les termes d'une commune Note qui fut présentée au Gouvernement chinois vers la fin de décembre. Cette Note comprenait douze demandes et l'on considérait que de l'adhésion à ces demandes dépendait la restauration des relations normales entre la Chine et les Puissances.

La Russie, naturellement, eut sa part dans tous ces procédés; mais elle chérissait en secret son plan qui était de jouer un rôle indépendant, rôle d'ailleurs parfaitement calculé pour entraver et arrêter entièrement le plan d'action combinée des Puissances en général, tout au moins dans une partie de l'Empire Céleste. Ce plan se developpa et devint la prétendue entente mandchourienne. L'arrangement insidieux qu'elle avait pour but d'assurer fut en réalité l'ouvrage d'un subalterne de Tseng, le général tartare cantonné à Mukden et c'est dans cette ville qu'il fut entamé. Ce subalterne n'avait aucune autorité lui permettant de faire un tel traité (suivant la juste remarque du gouvernement chinois) avec un représentant de l'amiral Alexieff, c'est à dire, avec le général Kurostovitch et les détails de cette entente furent pour la première fois dévoilés au monde entier fort surpris dans un télégramme qui parut dans le "Times" de Londres, le quel télégramme était transmis par le correspondant de ce journal à Pékin, portant la date du 31 décembre 1900. Cette dépêche énumérait les conditions qui, d'apres une source tout à fait digne de fois avaient été formulées, en même temps que des menaces formelles, par le gouvernement russe. Celles-ci ne laissaient aux Chinois d'autre choix que celui d'accéder à ces conditions; tandis que de l'adhésion à ces demandes dépendait le consentement de la Russie à ce que le général tartare et les fonctionnaires chinois reprissent le gouvernement civil de la Mandchourie.

Ces nouvelles conditions qu'il fallait ajouter aux concessions préalablement acquises étaient équivalentes à une annéxion de la Mandchourie. Peut-être se souvient-on que, peu de temps après la guerre Sino-Japonaise, la Russie saisit l'occasion pour obtenir de la Chine, en partie par des menaces, en partie en dorant la pilule de differentes façons et par des machinations diverses, surtout aux dépens du Japon et de l'Angleterre, appuyant sa requête sur la prétendue entente Cassini et d'autres encore, non seulement la concession du droit de construire la ligne du chemin de fer transmandchourien, n'ayant aucun autre objet apparent qu'un objet militaire, à travers la Mandchourie jusqu'à Vladivostock (la quelle ligne fut par elle utilisée en remplacement de sa propre ligne transsibérienne), mais aussi un droit semblable pour la construction de la ligne de Harbin à Port-Arthur et à Talienwan. Elle demanda et obtint également le droit de stationner toutes troupes nécessaires, disait-elle, à la protection de ces chemins de fer. Ajoutons à cela les nouvelles concessions formulées dans la convention Mandchourienne et le résultat ne pouvait être autre que l'accomplissement des desseins que la Russie chérissait depuis si longtemps. En conséquence, la manœuvre suivante de la Russie eut pour but d'obtenir une reconnaissance de cette convention par l'autorité impériale chinoise et d'en faire passer les stipulations sous la forme d'un traité dûment reconnu. La Russie insista auprès du gouvernement de la Chine à Pékin et pressa sa requête avec une persistance et une véhémence indescriptibles.

Une correspondance diplomatique suivit promptement la révélation des efforts secrets de la Russie et les gouvernements de l'Amérique, de l'Angleterre, de l'Allemagne et du Japon firent preuve de la plus grande activité dans leur façon d'intervenir dans cette question. Le cabinet de Saint-Pétersbourg prétendit que l'entente n'avait qu'une signification et une application locales. Mais ce fut comme si l'on eut essayé d'étouffer la lumière électrique sous un crêpe, car le sens réel de l'Entente resta toujours visible. Les communications et les réponses successives de la Russie aux Puissances concernant les protestations de ces dernières furent toutes identiques. En voici une que le comte Lamsdorff télégraphia à M. Iswolsky, ministre de la Russie à Tokio:

"vous êtes autorisé à démentir d'une façon catégorique les faux "rapports concernant un traité entre la Russie et la Chine „ayant pour objet l'établissement d'un prétendu protectorat dans "la Mandchourie. Les négociations, lesquelles n'ont pas encore "eu lieu, entre les Cabinets de Saint-Pétersbourg et de Pékin, "porteront sur les nombreuses questions touchant l'établissement "d'une administration chinoise dans la Mandchourie et aussi "l'établissement dans cette province d'un bon ordre permanent "capable de sauvegarder la tranquillité de nos frontières si "étendues (frontières russes) et de protéger le chemin de fer en "voie de construction, lequel forme l'objet d'une convention "spéciale russo-chinoise. Quant à l'arrangement signé par le "commandant de nos troupes (troupes russes) et le Dziandjiem "de Mukden, il n'est que temporaire et son seul but est d'établir "un règlement pour les relations qui doivent exister entre les "autorités locales et les troupes russes tant que ces dernières "demeureront dans la Mandchourie. Les faux rapports en question "tout particulièrement malveillants au moment même où le "Gouvernement russe est sur le point de remettre la Mandchourie "aux mains de la Chine en accord avec les déclarations pré-"cédentes de la Russie".

Il y a cependant une autre allusion (et une allusion d'une haute importance) dans la dépêche citée plus haut, laquelle fut remise par M. Iswolsky à Mr. Kato, alors ministre des affaires étrangères au Japon. Mais comme cette allusion porte sur un point quelque peu différent du sujet qui nous occupe, nous y reviendrons plus tard.

Voici maintenant une autre dépêche qui fut envoyée à Lord

Lansdowne par l'Ambassadeur d'Angleterre à Saint-Pétersbourg. Elle fut en même temps soumise au parlement anglais avec l'entier assentiment du gouvernement russe:

"Le comte Lamsdorff dit que l'Empereur n'avait aucune "intention de s'éloigner en quoi que ce fût des assurances qu'il "avait publiquement données concernant l'intention de la Russie "de rétablir la Mandchourie dans sa précédente condition dans "l'empire chinois. La Russie, ajouta-t-il, en ce qui regarde la "fixation d'une date définitive pour l'évacuation de la Mandchourie, "se trouve dans la même position que les Alliés concernant "l'évacuation de Pékin et de la province de Pe-chih-li. Lorsqu'on "en viendrait à l'évacuation complète et définitive de la Man- "dchourie, le Gouvernement russe serait obligé d'obtenir du "gouvernement central de la Chine une garantie en bonne forme "que l'attaque récente sur sa frontière et la destruction de son "chemin de fer ne se renouvelleraient plus. En attendant, la "Russie n'avait aucune intention que cette garantie prît la forme "d'une acquisition de territoire ou d'un protectorat de nom ou "de fait de la Mandchourie.......... La Mandchourie serait "remise aux mains de la Chine quand toutes les mesures tem- "poraires prises par les autorités militaires russes seraient "achevées et quand les choses à Newchwang et ailleurs seraient "rétablies dans leur état normal."

Toutes ces protestations et toutes les promesses de la part de la Russie étaient sincères en apparence, mais en réalité elles s'accordaient peu avec ses actions. Les remontrances des nations molestées continuèrent et la Chine même n'était en aucune façon disposée à accéder aux demandes de la Russie. Elle rechercha la médiation entre son cabinet et celui de Saint-Pétersbourg, de l'Amérique, de l'Allemagne, de l'Angleterre et du Japon. Ce fut à ce moment critique que l'Empereur de Chine, ce potentat d'un empire immense de 400 000 000 d'âmes fit cet aveu vraiment pathétique dans un Edit Impérial:

"La Russie propose une Entente comprenant 12 articles. "Nous avons autorisé notre plénipotentiaire à les amender et à "les modifier de façon à ce que nous puissions conserver notre "droit de souveraineté. Les Représentants étrangers conseillent "également à la Chine de ne pas accepter ces demandes. Mais "en considérant la situation présente, bien que nous sachions "gré aux Représentants étrangers de leur avis, *il est impossible*

"*à la Chine toute seule et isolée d'encourir le déplaisir de la*
"*Russie* en demeurant ferme et inflexible. La question actuelle "non seulement forme un sujet que la Chine doit étudier avec "le plus grand soin afin d'arriver à une solution exempte de "danger pour elle, mais c'est aussi une question dans laquelle "les Puissances étrangères intéressées doivent maintenir la balance "des pouvoirs".

Dans l'intervalle, une suggestion, ou plutôt une plainte, avait été faite par le comte Lamsdorff que des versions mutilées de l'Entente faite à Mukden étaient propagées par le gouvernement chinois pour créer des dissentions entre les Puissances. Mais ceci n'était qu'une farce. L'Empereur de Chine parle dans son Edit solennel de douze demandes de la part des Russes et nous avons ici en entier le document même, tel qu'il fut traduit du chinois par un personnage non moindre que Sir Ernest Satow qui remplaça Sir Claude Macdonald à Pékin. Il déclara que le texte chinois avait évidemment été traduit directement du texte russe.

1. L'empereur de Russie désireux de donner une marque de ses sentiments amicaux envers la Chine est disposé à oublier les actes d'hostilité commis dans la Mandchourie et à remettre cette province entière aux mains de la Chine. Cependant l'administration de cette province devra rester la même qu'à présent.

2. Par l'article 6 de la convention des chemins de fer mandchouriens, cette administration est autorisée à maintenir des troupes pour la protection de la ligne. Le pays étant cependant à présent dans une condition précaire et les troupes dont on peut disposer étant peu nombreuses quelques détachements de soldats devront y être maintenus jusqu'au rétablissement de l'ordre et jusqu'à ce que la Chine ait exécuté les stipulations contenues dans les quatre derniers articles de la présente entente.

3. Dans le cas de graves désordres, les garnisons russes donneront à la Chine toute l'aide qu'elles seront en mesure de donner pour supprimer ces désordres.

4. Dans les attaques récentes contre la Russie, les troupes chinoises ayant pris une part importante, la Chine, pendant l'achèvement de la ligne et en attendant qu'elle soit ouverte au trafic, convient de ne pas cantonner d'armée dans ces provinces. Elle devra consulter la Russie au sujet du nombre de troupes qu'il lui sera permis d'y établir plus tard. L'importation d'ammunitions de guerre dans la Mandchourie est interdite.

5. En vue de sauvegarder les intérêts du territoire en question, la Chine devra, sur une représentation faite par la Russie, destituer tout gouverneur militaire ou tout autre fonctionnaire supérieur dont la façon de diriger les affaires pourrait devenir un danger au maintien des relations amicales des deux Puissances.

Un corps de police consistant d'hommes à cheval et à pied peut être organisé dans l'intérieur de la Mandchourie. La force numérique d'un tel corps sera déterminée au moyen d'une consultation avec les autorités russes et l'artillerie sera exclue de l'armement de ce corps. Les services de sujets d'autres Puissances ne seront pas acceptés pour ce corps de troupes.

6. En conformité avec la promesse donnée par la Chine à une date plus reculée, cette Puissance ne doit pas employer de sujets d'aucune autre nation pour l'instruction des soldats ou des matelots chinois dans la Chine du nord.

7. Les autorités locales avoisinantes formeront, dans l'intérêt de la paix et de l'ordre, de nouveaux règlements spéciaux concernant la zone neutre (voir l'Entente du 27 mars 1898) dont il est question dans l'article 5 de l'Entente pour la cession à bail d'une partie de la péninsule de Liao-Tung. Les droits absolus de la Chine dans la cité de Chinchou (Kinchau, près de Port-Arthur) obtenus par elle en vertu de l'article 4 de l'Entente spéciale du 7 mai 1898 sont abrogés par la présente Entente.

8. La Chine ne devra pas sans le consentement de la Russie accorder à aucune autre Puissance, ou aux sujets d'aucune autre Puissance, des privilèges concernant les mines, les chemins de fer ou toute autre entreprise dans les régions limitrophes de la Russie, c'est à dire dans la Mandchourie, dans la Mongolie et les parties de la nouvelle domination connues sous les noms de Tarbagati, Ili, Kashgar, Yarkand et Khoten. De plus, la Chine ne devra pas non plus construire de chemin de fer pour son propre compte dans ces régions.

A l'exception du territoire de Newchwang, aucune cession à bail de terrain quelconque ne sera accordée aux sujets d'aucune autre Puissance.

9. La Chine étant sous l'obligation de payer à la Russie ses frais de guerre et les indemnités des autres Puissances comme résultat des troubles récents, le montant de l'indemnité présentée au nom de la Russie, la période de temps dans la quelle cette

indemnité devra être payée et la sécurité à donner, tous ces détails seront arrangés de concert avec les autres Puissances.

10. La compensation à payer pour la destruction des lignes de chemin de fer, pour le vol de matériel appartenant à l'administration du chemin de fer et à ses employés, aussi bien que les réclamations pour le délai causé aux travaux de construction des lignes, formeront le sujet d'un arrangement à prendre entre la Chine et l'administration du chemin de fer.

11. Les réclamations énumérées ci-dessus peuvent, par le consentement de l'administration, être commuées, soit en partie soit en totalité, en d'autres privilèges. Cependant la concession de tels privilèges nécessiterait la revision complète de l'arrangement précédent.

12. En conformité avec la promesse précédemment faite par la Chine, on est d'accord qu'une ligne peut être construite soit pour la ligne principale, soit pour l'embranchement (du chemin de fer de la Mandchourie) dans la direction de Pékin jusqu'à la grande muraille. L'administration de cette ligne devra être soumise aux règlements qui sont à présent en force. —

Bien qu'il y eût quelque différence concernant la forme et la portée entre cette version de l'Entente et celle qui avait été télégraphié au "Times" par le correspondant de ce journal à Pékin, l'objet de toutes deux était au fond le même. Le résultat de la proposition russe était de prendre à la Chine la liberté de mouvement légitime, et de plus elle était tout à fait contraire à la promesse solennelle de la Russie qui s'engageait de maintenir la concorde avec les autres Puissances.

L'opposition acharnée des Puissances intéressées se continua donc et en avril 1901 la Russie dut abandonner son projet. Le 5 de ce mois, le Cabinet de Saint-Pétersbourg publia un communiqué dans le "Messager officiel" expliquant sa position en détail et fort au long. Il était entremêlé des assurances ordinaires de la Russie, prétendant que dans chaque occasion la ligne de conduite qu'elle avait adoptée était une mesure temporaire et assurant qu'elle avait l'intention de rappeler ses troupes de la Mandchourie aussitôt que l'ordre y serait rétabli d'une façon permanente et dès qu'on eût pris toutes mesures possibles pour la protection du chemin de fer "pourvu que les autres Puissances ne missent pas d'obstacles à ses plans". La raison de cette clause conditionelle sera apparente à nos lecteurs. Le communiqué déclarait ensuite que l'entente en question était seulement proposée pour servir de point de départ à l'objet en vue, c'est à dire la reddition de la Mandchourie à la Chine. Cependant, en conséquence des obstacles qui avaient été mis par les Puissances à la conclusion de cette entente, il devenait impossible à la Russie de prendre immédiatement des mesures pour l'évacuation projetée; néanmoins elle restait fidèle à son premier programme et elle attendrait avec calme le cours des évènements.

Après la publication de ce Communiqué en date du 8 avril, M. Iswolsky remit à Mr. Kato à Tokio une Note Verbale qui, après l'annonce de l'abandonnement par la Russie de son projet, c'est à dire de l'Entente Mandchourienne, pour une raison semblable à celle donnée dans le Communiqué, continuait ainsi:

"Diverses informations prises ayant prouvé que dans les cir-"constances actuelles une telle entente pourrait causer toutes "sortes de difficultés dans l'empire voisin au lieu de servir à "clairement indiquer les intentions amicales de la Russie pour "les intérêts de la Chine, la Russie non seulement ne veut pas "insister auprès du gouvernement chinois pour la conclusion de "cette Entente, mais elle renonce même à continuer toutes né-"gociations à ce sujet".

Un annoncement semblable fut naturellement envoyé aux autres Puissances. Nous voyons donc la Russie affectant de s'éloigner, montée sur le coursier de son haut déplaisir, tandis que pendant tout ce temps elle garde dans ses propres mains la cause réelle de la dispute, c'est à dire la Mandchourie occupée par ses troupes. Peut-être pourrions nous ici rappeler à la mémoire de nos lecteurs qu'avant le milieu de janvier 1901, la Russie, en tant qu'elle était représentée par son ministre des affaires étrangères, soutenait opiniâtrement qu'un état de guerre n'existait pas entre les Puissances et la Chine; cependant remarquons qu'après cette date elle commença d'insinuer qu'elle avait le droit de retenir la Mandchourie, basant son droit sur sa conquête de cette province. Par exemple, nous voyons que le 4 juillet 1900 l'Ambassadeur anglais à Saint-Pétersbourg, dans une dépêche au Marquis de Salisbury donnant le compte-rendu d'une entrevue avec le comte Lamsdorff, s'exprime ainsi:

"Il y a un point sur lequel le comte Lamsdorff appuya fortement "dans sa conversation avec moi, c'est que les Puissances euro-"péennes devraient agir comme si elles n'étaient pas en guerre "avec le gouvernement établi de la Chine, mais plutôt avec des "rebelles et des anarchistes".

Encore un autre exemple. Le 29 août 1900, le comte Lamsdorff dit à l'Ambassadeur d'Angleterre:

"Jusqu'ici nous avions agi comme si nous n'étions pas dans un "état formel de guerre avec le Gouvernement reconnu de la "Chine, mais plutôt avec une nation dans un état de révolte".

Le 27 septembre le comte Lamsdorff dit au Chargé d'Affaires d'Angleterre que

"selon lui, il n'y avait jamais eu de rupture des relations diplo-"matiques (entre les Puissances et la Chine) comme le prouvait "très clairement le fait qu'un nouvel Ambassadeur d'Allemagne "venait d'être nommé".

Ensuite en janvier 1901 vint une faible suggestion ressemblant à un ballon d'essai, suggestion exprimant l'opinion personnelle mais non officielle du comte Lamsdorff. Cette dernière fut télégraphiée par le ministre du Japon à Saint-Pétersbourg à Mr. Kato à Tokio. Le Ministre de la Russie déclarait que

"l'occupation de la Mandchourie par les troupes russes étant "due à un acte de défense personnelle de la Russie contre l'ag-"gression de la Chine sur ses frontières, la Russie serait par-"faitement dans son droit, même dans le cas où elle se "déciderait à rendre cette occupation permanente. Mais en "vérité elle n'avait aucune intention d'exercer son droit de con-"quête".

Enfin dans un télégramme remis par M. Iswolsky à Mr. Kato, télégramme dont nous avons déjà parlé et que nous avons dit contenir une allusion de grande importance, le comte Lamsdorff déclara que la Russie, d'accord avec ses déclarations précédentes, était sur le point de remettre la Mandchourie aux mains de la Chine

"au lieu d'user de son droit de conquête à l'égard de cette "province (Mandchourie) d'où était venue une attaque sur ses "frontières".

Quant aux autorités militaires russes, elles ont presqu'à partir du moment où des occasions se présentèrent pour redoubler d'activité dans les affaires d'Extrême-Orient, — après le soulèvement des Boxeurs — établi leurs prétensions, comme nous l'avons déjà vu, à ces soi-disant droits de conquête, bien qu'elles aient dû savoir combien problématiques étaient ces droits. Tandis que d'un côté la Russie avait causé aux Puissances des ennuis incessants par son action dans les incidents de chemin de fer et de Tien-tsin et par ses intrigues concernant l'entente mandchourienne, les vraies négociations de paix, d'un autre côté, entre la Chine et les Puissances, y compris la Russie, avaient fait des progrès satisfaisants et le protocole définitif de Pékin fut signé le 7 septembre 1901. Par ce protocole les Puissances déclaraient que les forces internationales évacueraient Pékin même le 17 septembre et la province de Pe-chih-li cinq jours plus tard, à l'exception de quelques détails de peu d'importance arrangés dans le protocole. La cour impériale chinoise revint de Hsi-An-Fu, cité où elle s'était retirée à l'approche des forces alliées marchant vers Pékin, et l'ancien régime des choses fut rétabli dans la capitale de la Chine en janvier 1902. Peut-être se souviendra-t-on que par ce protocole l'importation d'armes dans la Chine était défendue; cette défense s'appliquait à une période de deux ans et il y avait une clause conditionnelle à l'effet que cette période pourrait être prolongée si nécessaire, selon les circonstances. Dans le cours de la discussion des termes du protocole, un sous-comité de la Conférence des ministres des Puissances avait proposé que la période de défense s'étendît à cinq ans. Mais les délégués américain, belge et japonais demeurèrent d'opinion qu'une période de deux ans, avec une clause conditionelle, serait suffisante. Cette opinion l'emporta et avant que l'article eût été définitivement formulé dans le protocole la Chine avait publié un Edit Impérial par anticipation. Quant au délégué russe, il était d'opinion que la période de prohibition devait être étendue à *dix* ans. Cette divergence si marquée entre les vues de la Russie et celles des autres Puissances suggérait fortement, maintenant qu'il nous est possible de considérer la chose avec calme, quelque motif sinistre et secret.

Dans l'intervalle, la Russie était énergiquement engagée dans une intrigue dont le but était de renouveler cette entente mandchourienne si impraticable, entente qu'elle prétendait avoir abandonnée bien des mois auparavant. Sa diplomatie dans cette occasion fut exactement semblable par le vil et cynique mépris de toutes obligations morales à celle qui la caractérisa bien des années auparavant lorsqu'elle dépouilla la Chine de sa "province maritime". Le Marquis de Lansdowne fut informé en août 1901 du fait que, malgré ses dénégations à cet égard, la Russie était en train de chercher à obtenir la signature de la Chine pour une entente mandchourienne. Une semaine plus tard, il fut catégoriquement déclaré dans des milieux dignes de confiance qu'aussitôt que le protocole chinois serait signé, les négociations de la Russie concernant la Mandchourie seraient recommencées à Pékin ou à Saint-Pétersbourg. Le protocole fut, comme nous l'avons vu, signé le 7 septembre et l'on doit présumer qu'à partir de ce moment, la Russi fut fort occupée à l'avancement de ses projets.

Ce fut sur ces entrefaites que le traité d'alliance anglo-japonais prit une forme pratique et fut signé à Londres le 30 janvier 1902. Ce traité entre l'Angleterre et le Japon n'avait d'autre objet en vue que celui de maintenir le "status quo" et la paix générale dans l'Extrême-Orient. Cette Entente doit demeurer en toute vigueur pendant cinq ans et elle est terminable à l'expiration de cette période en en donnant avis un an auparavant. Si cependant une des deux nations contractantes venait dans l'intervalle à être engagé dans une guerre, l'alliance se continuerait "ipso facto" jusqu'au rétablissement de la paix. Les motifs et le but de cette Entente sont admirablement résumés dans la dépêche, éminemment l'œuvre d'un grand homme d'Etat, adressée par Lord Lansdowne à Sir Claude Macdonald à Tokio; cette dépêche est d'ailleurs bien connue de tous ceux qui étudient l'histoire.

L'annoncement de cette Entente fut suivi le 16 mars de la publication d'un Memorandum franco-russe qui fut au temps voulu communiqué aux Puissances intéressées.

Voici ce Mémorandum:

"Les Gouvernements alliés de la Russie et de la France ont "reçu copie de l'Entente anglo-japonaise du 30 janvier 1902, "laquelle Entente a pour objet le maintien du 'status quo' et de "la paix générale dans l'Extrême-Orient et de préserver l'in-"dépendance de la Chine et de la Corée qui doivent rester "ouvertes au commerce et à l'industrie de toutes les nations. "Les susdits Gouvernements ont été entièrement satisfaits de "trouver dans cette Entente l'affirmation des principes fonda-"mentaux qu'eux-mêmes ont en plusieurs occasions déclaré former "la base de leur politique, laquelle base reste aujourdhui la "même. Les deux Gouvernements considèrent que l'observance "de ces principes est en même temps une garantie pour leurs "intérêts spéciaux dans l'Extrême-Orient. Cependant, étant eux-"mêmes obligés de prendre également en considération le cas "où soit l'action aggressive d'une tierce Puissance, soit le re-

"nouvellement de désordres en Chine menaçant l'intégrité et le "libre développement de cette Puissance, pourrait devenir une "menace à leurs propres intérêts, les deux Gouvernements alliés "se réservent le droit de se consulter dans cette éventualité "sur les moyens à prendre pour sauvegarder ces intérêts".

En même temps que la publication de ce Memorandum, un Communiqué parut dans le journal de Saint-Pétersbourg portant la date du 20 mars. Ce Communiqué omettait de considérer comment et pourquoi une Entente anglo-japonaise avait été formée, tandis qu'il insinuait que deux des onze Puissances qui avaient si récemment signé le protocole de Pékin (on voulait dire l'Angleterre et le Japon) essayaient de se détacher des autres Puissances et de se placer dans "une position spéciale vis à vis de l'Empire Céleste." Puis venait le rabâchage ordinaire concernant les principes prépondérants de la Russie et son grand désir de paix. Enfin on finissait par l'assertion que les gouvernements français et russe trouvaient qu'il leur était nécessaire de formuler leurs vues et opinions à cause de "l'agitation persistante causée par l'Entente anglo-japonaise."

La France semble avoir éprouvé quelque répugnance à s'associer à la politique de la Russie dans l'Extrême-Orient. Si elle s'y décida, ce fut grâce au zèle employé par la Russie qui finit par lui faire croire que le gouvernement russe était sincère dans son intention d'évacuation.

Le memorandum du Secrétaire d'Etat Hay nous montre ce que l'Amérique pensa de ce choses. Après avoir exprimé le plaisir qu'éprouvait l'Amérique à trouver à la fois dans l'Entente anglo-japonaise et aussi dans le Mémorandum franco-russe des assurances répétées de la similitude des vues de ces Puissances avec celles de l'Amérique concernant les affaires d'Extrême-Orient, le Memorandum américain se termine ainsi:

"Quant au dernier paragraphe du memorandum russe, le gou- "vernement des Etats-Unis, tout en partageant les vues qui y "sont exprimées concernant la politique de porte ouverte contre "tout empiètement possible de quelque côté que ce soit et tout "en étant également désireux du développement libre de la "Chine indépendante, se réserve entière liberté d'action dans le "cas où des circonstances inattendues se présenteraient par les- "quelles la politique et les intérêts des Etats-Unis en Chine et "en Corée seraient enfreints ou dérangés."

C'était là une façon indirecte que prenait l'Amérique de dire à la Russie que celle-là n'allait pas être leurrée à permettre ou à accepter tels "moyens convenables" que cette dernière pourrait inventer et il n'est pas difficile de comprendre combien l'Amérique à cette époque plaçait peu de foi dans les déclarations russes. De fait, les Américains se ressentaient alors de la friction qui existait entre les Russes et les autorités consulaires et navales de l'Amérique et aussi la communauté marchande américaine en général. L'irritation qui existait donc alors était due à la rétention inique par les autorités militaires russes du port de traité de Newchwang et aux entraves qui en conséquence avaient été mises aux facilités télégraphiques et postales, ainsi qu'au commerce en général par suite de cette rétention. L'Amérique avait d'ailleurs adressé à différentes reprises des représentations au cabinet de Saint-Pétersbourg à ce sujet. Enfin à toutes ces causes d'irritation s'ajoutaient les nombreuses anxiétés que la politique de la Russie concernant des sujets plus importants éveillait dans l'esprit des Américains. Au moment même où le Memorandum franco-russe était envoyé aux différentes Puissances, la Russie était en réalité en train de mûrir sa seconde Entente mandchourienne qui était tout aussi inadmissible que la première.

Mr. Conger, Ministre des Etats-Unis à Pékin, avait en décembre 1901 rapporté à Washington que le prince Ching était de retour à Pékin revêtu de l'autorité nécessaire pour signer l'Entente mandchourienne. Il avait de plus rapporté que les ministres Anglais et Japonais étaient en train de précautionner la Chine, lui conseillant de ne pas adhérer à cette Entente. Mr. Conger demandait des instructions concernant la ligne de conduite qu'il devait tenir et il ajoutait la substance des stipulations de l'Entente proposée, telles qu'elles étaient venues à sa connaissance.

Là-dessus, Mr. Hay requit Mr. Conger de faire savoir au prince Ching que l'Amérique espérait et comptait bien qu'aucun arrangement capable d'entamer l'intégrité territoriale de la Chine, ou de nuire aux intérêts légitimes des Etats-Unis, ou de diminuer la faculté de la Chine de faire face à ses obligations pécuniaires vis à vis des Puissances, ne serait conclu par la Chine avec aucune puissance isolée. Le prince en donnant son assentiment dit qu'il insisterait pour que l'évacuation russe s'effectuât dans un an au lieu de trois ans et pour que les affaires concernant les troupes chinoises fussent laissées aux mains de la Chine elle-même, ainsi que la protection des chemins de fer et la construction des ponts de chemin de fer. De plus, la demande de paiement de la part de la Russie des frais de maintien et de réparation des chemins de fer serait refusée, si l'on trouvait que cette demande avait été déjà couverte par l'indemnité générale. Cependant Mr. Conger avoua qu'il doutait fort que le prince Ching arrivât à obtenir les termes qu'il proposait.

Mr. Tower, ambassadeur d'Amérique à Saint-Pétersbourg reçut alors de Mr. Hay instruction d'adresser des remontrances au Gouvernement russe; ces remontrances étaient basées sur le raisonnement suivant: si la Chine permettait ou créait le monopole du commerce de la région au profit d'une seule puissance, elle enfreindrait par ce fait même les stipulations de traités avec les autres Puissances; une telle action amènerait certainement une diminution de la souveraineté de la Chine et tendrait à rendre cette Puissance moins capable de faire face à ses obligations vis à vis des autres Puissances. De plus, on pourrait s'attendre à ce que d'autres nations cherchassent aussi à obtenir de semblables avantages spéciaux dans différentes parties de l'empire chinois. Cela détruirait le principe d'égalité de traitement pour toutes les Puissances et serait contraire aux assurances de la Russie concernant le maintien d'une "porte ouverte" en Chine.

Mr. Conger reçut en même temps instruction de précautionner le gouvernement chinois encore davantage.

La réponse que fit la Russie aux remontrances de l'Amérique fut remise à Mr. Tower le 9 février et nous devons ajouter que c'est la plus remarquable réponse de beaucoup d'autres déjà remarquables venant de cette Puissance. Après une déclaration du désir qu'avait la Russie d'enlever toute cause d'anxiété pour le Cabinet de Washington, la réponse en venait à dire que la Russie se sentait obligée de déclarer que les négociations entamées entre deux nations absolument libres n'avaient rien à faire avec les autres Puissances; ensuite elle ajoutait:

"La Russie n'a aucune intention d'attaquer le principe de 'porte "ouverte', vu que ce principe est compris par le Gouvernement "Impérial Russe et la Russie n'a pas le moindre dessein de "changer à cet égard la ligne de conduite suivie par elle jusqu'à "l'heure présente. Si la banque russo-chinoise obtenait des "concessions en Chine, les arrangements d'une nature privée "concernant ces concessions ne différeraient pas de celles qui "avaient été conclues jusqu'alors par tout d'autres corporations "étrangères. Mais ne serait-il pas très étrange que 'la porte' "qui est 'ouverte' pour certains nations fût fermée pour la Russie "dont la frontière touche celle de la Mandchourie et qui a été "forcée par les évènements récents d'envoyer ses troupes dans "cette province pour y rétablir l'ordre dans l'intérêt pur et "commun de toutes les nations? Il est vrai que la Russie a "conquis la Mandchourie; mais malgré cela, la Russie a toujours "la ferme intention de remettre cette province aux mains de la "Chine et d'en rappeler ses troupes, aussitôt que les conditions "d'évacuation auront été arrangées et que toutes mesures né-"cessaires auront été prises pour empêcher le renouvellement "d'autres désordres dans le territoire avoisinant. Il est im-"possible de refuser à un état indépendant le droit d'accorder "à d'autres états telles ou telles concessions qu'il est en son "pouvoir de faire et j'ai tout lieu de croire que les demandes "de la banque russo-chinoise n'excèdent en rien celles qui ont "été si souvent formulées par d'autres compagnies étrangères. „Je pense donc que dans ces circonstances, il ne serait pas "facile au Gouvernement Impérial Chinois de refuser aux com-"pagnies russes le support accordé par d'autres Gouvernements "aux compagnies et syndicats de leur propre nationalité."

En conclusion le réponse russe declare qu'il n'y a et ne saurait y avoir aucune question de contradiction concernant les assurances que la Russie avaient données par ordre de l'Empereur. N'était-ce pas un scandale que la Russie qui avait promulgué les soi-disant "principes fondamentaux" eût la hardiesse de prétendre que ses négociations clandestines avec la Chine n'avaient rien à faire avec les autres Puissances? N'était-ce pas absolument révoltant que la Russie qui avait maintenu que les Puissances n'étaient pas en état de guerre avec le gouvernement établi de la Chine déclarât, lorsque cela aidait à ses desseins et qui plus est dans un document diplomatique, qu'elle avait un droit de conquête sur la Mandchourie? On se rappelera que les Puissances prenant alors le plus d'intérêt dans la question étaient l'Angleterre, l'Amérique et le Japon. Quant à l'Allemagne, elle paraît avoir fait le meilleur usage possible de l'Entente anglo-allemande, pendant les négociations de paix avec la Chine, comme nous pouvons le voir par le rapport de Mr. Rockhill, commissaire américain, à son gouvernement. Ce rapport déclare que la position de l'Allemagne à l'égard de la question d'indemnité était on ne peut plus inflexible et que l'urgente nécessité où se trouvait l'Angleterre de maintenir son entente avec l'Allemagne concernant la Chine fut la cause des nombreuses concessions faites par l'Anglettere; cette dernière avait donc pour cette raison cédé à l'insistance de l'Allemagne qui réclamait jusqu'au dernier centime des dépenses qu'elle avait encourues. Cependant l'Allemagne se montra bientôt plus indifférente et en mars 1901 le comte von Bülow annonça dans le Reichstag que le sens donné par l'Allemagne à l'Entente anglo-allemande était que cette Entente ne se rapportait en rien à la Mandchourie! Dans son effort pour restreindre son étendue, il alla même jusqu'à désigner cette Entente par le nom d'"Entente de Yang-tse"! — non sans évoquer cependant beaucoup de surprise et de commentaires et même quelque soupçon en Angleterre et ailleurs. — L'attitude de l'Allemagne étant telle, le Chancelier Impérial parlant dans le Reichstag le 3 mars 1902 sur le sujet de l'Entente anglo-japonaise, remarqua avec indifférence que l'Allemagne ne pouvait s'en formaliser, puisqu'elle ne contrariait en rien l'Entente anglo-allemande du 16 octobre 1900 *en ce qui concernait la vallée de yang-tse* ou les déclarations échangées avec les différentes Puissances au sujet d'une "porte ouverte."

La Russie continua d'exercer la plus grande pression sur le Cabinet de Pékin et le 8 avril 1902 l'Entente mandchourienne fut signée à Pékin par les Plénipotentiaires russes et chinois. Le journal officiel de Saint-Pétersbourg publia le texte de cette Entente quatre jours plus tard et ce triomphe véritablement satanique fut porté au comble lorsque la Chine exprima ses remercîments aux Puissances dont elle avait demandé l'avis, c'est à dire à l'Amérique, à l'Angleterre et au Japon. Il est vrai que les termes de cette Entente étaient peut-être plus favorables à la Chine que ceux que cette Puissance aurait obtenus dans le cas où elle aurait été abandonnée à la tendre compassion de la Russie; mais en toute conscience ils étaient déjà assez lourds et assez dégradants. La vérité est qu'à l'impuissance de la Chine à résister à la contrainte exercée par la Russie s'ajoutait un désir intense de la part de la cour mandchourienne de reprendre possession de cette partie de l'Empire qui pour des raisons de dynastie lui était très chère. La position critique où se trouvait la cour chinoise est parfaitement décrite dans un rapport de Mr. Conger au cabinet de Washington, daté du 29 janvier. Dans ce rapport, Mr. Conger dit:

"Le 27, j'ai eu une entrevue avec le prince Ching qui "m'a informé en substance qu'il se trouvait dans une position "fort difficile. Il avait employé, disait-il, tous ses efforts pour „en venir à quelque arrangement avec la Russie, au moyen du "quel l'évacuation de la Mandchourie pourrait s'effectuer sans "la nécessité du grand sacrifice de la part de la Chine auquel "Li-Hung-Chang avait accédé. Il avait, disait-il, obtenu des "concessions très importantes de la part de la Russie, mais elle "ne voulait pas céder davantage et il était convaincu que si "la Chine résistait plus longtemps ils n'obtiendraient jamais de "nouveau des termes aussi modérés. Il ajouta que les Russes "étaient en pleine possession du territoire et que leur manière "de traiter les Chinois était si choquante qu'il était impossible "à ces derniers de demeurer davantage dans la Mandchourie. "Il fallait donc obtenir cette évacuation et la seule façon d'ar-"river à cette fin était que la Chine proposât à la Russie les "conditions les plus libérales. Les seules conditions auxquelles "la Russie consentirait à l'évacuation étaient que la Chine signât "l'Entente Mandchourienne et aussi celle concernant la banque "russo-chinoise."

Comme accompagnement du texte de l'Entente, une communication explicative fut publiée dans le journal officiel russe; cette dernière déclarait que comme la Russie avait été remboursée des dépenses encourues par elle dans ses opérations militaires en Chine, le Cabinet de Saint-Pétersbourg ne voyait plus aucune nécessité "de laisser des forces armées dans les confins du territoire adjacent" et par conséquent cette Entente avait été faite suivant la volonté de l'Empereur. Les stipulations de l'Entente en question sont assez bien connues; nous pouvons cependant les énoncer brièvement ici: Droit d'exercer toute autorité en Mandchourie à être restitué à la Chine; troupes russes, en 6 mois après signature, c'est à dire le 8 octobre 1902, à évacuer la province sud-ouest jusqu'à la rivière Liao et chemins de fer à être rendus à la Chine. (Le prince Ching dit qu'il croyait que Newchwang était inclus, mais, comme la suite le prouva, les Russes ne l'entendaient pas ainsi.)

Dans les six mois suivants, le reste de la province de Mukden et aussi celle de Kirin à être évacuées et enfin, dans six autres mois, l'évacuation de Hei-Lung-Chiang. Ainsi les trois provinces devaient être rendues à l'Empire chinois d'ici au 8 octobre 1903, au plus tard.

Bien entendu pour compenser cette magnanime restitution de biens mal acquis, la Russie imposait un grand nombre de restrictions à la Chine. Des limites lui étaient fixées concernant le nombre et la disposition des troupes qu'elle placerait dans la Mandchourie. Il lui faudrait protéger les chemins de fer russes dans cette région et leurs fonctionnaires dans leurs diverses entreprises. Il lui était défendu en outre d'inviter aucune Puissance à l'aider à protéger, construire ou exploiter son propre chemin de fer, c'est à dire la ligne de Shanhaikwan à Newchwang et à Hsin-Min-tsun. Défense lui était aussi faite de permettre à aucune autre Puissance d'occuper le territoire évacué par les Russes. La Chine n'avait le droit ni de prolonger, ni de reconstruire le chemin de fer, ni de construire un pont, ni de supprimer la gare à Newchwang sans d'abord discuter la question avec le gouvernement russe. Enfin la Chine devait payer les dépenses encourues par la Russie pour la construction et la réparation du chemin de fer chinois dans la Mandchourie, lesquelles dépenses, déclarait on, n'étaient pas comprises dans la somme totale formant le montant de la demande précédente.

Est-il possible qu'aucune personne de bon sens manque de voir que dans ces stipulations il y avait des infractions à la souveraineté et à l'intégrité d'un état indépendant? En vérité elles furent la cause des censures les plus sévères cependant comme on présumait que la Russie tiendrait parole tout au moins concernant les points essentiels — l'évacuation aux dates fixées des trois provinces occupées — les Puissances consentirent à donner leur assentiment. Nous pouvons ici remarquer en passant que la part d'indemnité de la Russie comprenait non seulement les dépenses encourues par elle dans la province de Pe-chih-li, mais aussi dans la Mandchourie. Malgré cela, cette part d'indemnité fut tout à fait exorbitante, comme on le remarqua à l'époque, si nous la comparons à celles des autres Puissances, pour ne pas mentionner l'extrême modération de la demande faite par le Japon, qui était recognisée actuellement par le gouvernement anglais dans un télégramme à Sir Ernest Satow. Maintenant que la Russie insistait sur une demande additionelle à cause du chemin de fer, l'iniquité de toute l'affaire n'en devint que plus manifeste.

Pendant quelque temps après cela, tout parut marcher assez bien, quoiqu'en certains milieux on ressentît quelque anxiété au sujet de la sincérité de la Russie. Le 8 octobre 1902 était le jour où la première partie de l'évacuation russe devait être complétée. En effet, vers la fin de ce mois, le gouvernement chinois put annoncer la restitution de la partie sud-ouest de la province de Mukden et de tous les chemins de fer chinois en dehors de la grande muraille, selon qu'il avait été arrangé préalablement. Ensuite vint la date de la seconde partie de l'évacuation — y compris l'évacuation de Newchwang — qui devait être effectuée et complétée au plus tard le 8 avril 1903. Non seulement les Russes n'évacuèrent pas Newchwang et les autres parties du territoire selon l'arrangement qui avait été pris, mais il y avait des marques très claires qu'ils avaient entièrement changé leur programme. Des rumeurs commencèrent à circuler que des troupes russes étaient en train de marcher sur la frontière coréenne. Le 17 avril, le Chargé d'Affaires d'Angleterre à Pékin télégraphia à Lord Lansdowne:

"Il y a ici une opinion gagnant chaque jour que c'est de "deux choses l'une: ou bien la Russie n'effectuera pas l'évacuation "promise, ou bien elle veut la faire dépendre de certaines con- "ditions.

Lorsque le ministre de Chine prit des informations à Saint-Pétersbourg à ce sujet, le comte Lamsdorff et aussi M. de Witte lui assurèrent que, quant au mouvement de troupes, ni le Gouvernement Impérial, ni la banque russo-chinoise n'avaient aucun intérêt dans des concessions de coupes de bois que des particuliers pouvaient avoir acquises et ils répudièrent l'idée que des troupes avaient été envoyées dans cette région pour protéger ces concessions qu'on disait avoir été obtenues de la Chine et de la Corée. Le général Kuropatkin, alors ministre de la guerre, ne nia cependant pas que M. Besobrazoff avait acquis certains droits forestiers dans la Mandchourie et il pensait possible que l'amiral Alexieff eût "permis" que quelques soldats protégeassent ces droits. Le ministre chinois qui persista dans ses investigations fut informé que le délai apporté dans la deuxième partie de l'évacuation n'était que temporaire et dû seulement à la présence de navires étrangers dans le port de Newchwang. L'amiral Alexieff craignait, paraît il — que les Chinois n'admissent quelque autre Puissance aussitôt le départ des Russes. Néanmoins, le comte Lamsdorff affirma d'une façon peremptoire que les ordres de l'Empereur seraient exécutés. A cette époque les choses avaient commencé à reprendre un aspect très alarmant à Pékin; le représentant russe était en effet alors en train d'y presser énergiquement l'acceptation de ses "sept demandes" nouvelles si audacieuses, demandes dont l'objet ne pouvait demeurer longtemps caché au cercle diplomatique de la capitale de la Chine. Le Chargé d'Affaires d'Angleterre a donné une brève esquisse de la portée de ces demandes dans un télégramme daté du 23 avril 1903 et adressé à son Gouvernement. Elles comprenaient:

1. Une demande qu'aucune portion du territoire rendu à la Chine par la Russie, surtout à Newchwang, ne fût cédé à bail ou vendu, dans aucune circonstance, à aucune autre Puissance.

2. Le système de gouvernement existant alors dans toute la Mongolie ne devait pas être changé.

3. La Chine devait s'engager à ne pas ouvrir de nouveaux ports ou de nouvelles villes en Mandchourie sans en informer la Russie et elle ne devait pas non plus permettre à des consuls étrangers de résider dans de tels ports ou dans de telles villes.

4. Les étrangers engagés en Chine dans l'administration des affaires ne devaient exercer aucune autorité dans les provinces du nord, où la Russie avait des intérêts prédominants.

5. Tant qu'une ligne télégraphique existera à Newchwang et à Port-Arthur, la ligne de Newchwang et de Pékin doit être maintenue, comme le télégraphe à Newchwang et à Port-Arthur et à travers toute la province de Shing-King est sous le contrôle de la Russie et que son union avec la ligne russe sur les poteaux télégraphiques chinois à Newchwang, Port-Arthur et Pékin est de la plus haute importance.

6. Après la restitution de Newchwang à la Chine, les recettes de la douane seront comme à présent déposée à la banque russo-chinoise.

7. Aucun droit acquis dans la Mandchourie par des sujets russes ou des compagnies étrangères pendant l'occupation russe ne sera touché par l'évacuation. Un état de quarantaine sera établi à Newchwang comme mesure de précaution contre la propagation d'épidémies dans les provinces du nord. Seulement des Russes pourront être préposés au poste d'inspecteur des douanes dans les ports, ou au poste de médecin des douanes sous le contrôle de l'inspecteur général des douanes maritimes. Un bureau permanent des affaires d'assainissement sera institué sous la présidence du Tao-tai des douanes.

Toutes ces demandes ne furent pas d'abord divulguées; mais ce qui en transpira parut suffisamment mauvais et une activité diplomatique stimulée a un degré extrême suivit ces révélations, surtout de la part de l'Angleterre, de l'Amérique et du Japon.

La Chine elle-même désirait rejeter les demandes en bloc et en même temps elle rechercha le support de ces trois Puissances, support qui lui fut immédiatement promis. La Russie, d'un autre côté, mit en œuvre toute son astuce et toute sa finesse pour arriver à ses fins, mais ce fut en vain.

Le 29 avril le Gouvernement Chinois notifia définitivement son refus d'accéder à ces demandes. M. Plançon, le Chargé d'Affaires de la Russie continua de grommeler et exigea que l'on donnât à son Gouvernement les assurances suivantes:

a) que la Chine n'avait aucune intention d'assimiler l'administration de la Mongolie à celle de la Chine proprement dite;

b) que la Chine n'avait en vue aucune cession de territoire dans la région de la rivière Liao à une Puissance étrangère;

c) et qu'aucun consul étranger ne serait nommé dans les autres parties de la Mandchourie, même avec le consentement de la Chine. Le prince Ching dit franchement à M. Plançon que la Chine n'avait jamais eu l'intention de céder aucun territoire, qu'aucun changement dans le système actuel d'Administration pour la Mongolie n'était alors contemplé et que la question d'ouverture des ports de traités et la nomination de consuls dépendaient entièrement du développement que le commerce pourrait prendre. M. Plançon promit au prince que cette réponse qu'il insista à ce qu'on présentât sous la forme d'une Note serait transmise au Cabinet de Saint-Pétersbourg et il prit sur lui-même d'affirmer avec toute apparence d'une candeur parfaite que la cause du retard apporté dans l'évacuation était due au parti militaire en Russie et il ajouta que cette réponse du prince contribuerait beaucoup à calmer l'anxiété, de sorte que, dans son opinion, Newchwang serait prochainement évacué. Comme nous allons le voir immédiatement, cette déclaration n'était qu'une farce. La nouvelle d'un mouvement de troupes russes vers la frontière coréenne n'était que trop vraie. Quelque temps auparavant, une concession de coupe de bois avait été arrachée à la Chine par la Russie sur la rive droite du Yalu et à la Corée sur la rive gauche de ce fleuve, pour la forme au nom de quelques particuliers qui transféraient leurs droits à M. Besobrazoff. Cependant, comme le monde entier l'apprit par la suite, l'amiral Alexieff, certains Grands Ducs et même les plus hauts personnages de l'Empire russe étaient impliqués dans cette transaction. Des intérêts privés et publics furent donc ainsi entremêlés et le mouvement de troupes russes sur les bords du Yalu fut sans aucun doute rattaché à cette affaire. Quoique la Russie eût depuis bien des années convoité la presqu'île de Corée, ce fut par ce moyen que les affaires de la Mandchourie et de la Corée furent habilement unies et la force militaire fut employée pour servir les desseins d'une avarice privée et aussi pour aider aux agrandissements territoriaux si peu scrupuleux de la Russie.

Comme on l'a montré plus haut, la date fixée pour la seconde partie de l'évacuation, c'est à dire la date à laquelle cette partie de l'évacuation devait être terminée était le 8 avril 1903. A Mukden, les troupes russes firent une fois un semblant d'évacuation; elles se retirèrent même en partie; mais le reste des troupes se rendit seulement à la gare et retourna à ses quartiers sans prendre le train. A Newchwang aussi, il sembla dans une occasion que les troupes se préparaient à évacuer; mais l'aspect des choses changea avec l'arrivée du 8 avril et l'on donna pour prétexte de la rétention des troupes que le Tao-tai n'était pas présent et que par conséquent on ne pouvait lui faire la restitution du port. Ceci mettait le comble à l'impudence, car les Russes eux-mêmes avaient le Tao-tai sain et sauf entre leurs mains à Mukden.

Au même instant M. Plançon faisait tous ses efforts à Pékin pour obtenir l'assentiment du gouvernement chinois à ses demandes. Il est vrai que dans une occasion il dit au prince Ching, (le 29 avril) que l'évacuation serait probablement continuée, mais le lendemain même, il montra le bout de l'oreille, car en revenant à la charge avec ses sept demandes M. Plançon se laissa aller à dire que si la Chine n'accédait pas à ces demandes, il n'y aurait pas d'évacuation du tout!

A partir de cet instant l'activité militaire de la Russie s'accrut rapidement. Au Yalu elle enrôla les Chunchus ostensiblement pour servir de "police forestière" pour la région des bois exploités, tandis que du charbon et des provisions de guerre furent amenés à Yongampho près de l'embouchure du fleuve dans des vaisseaux affrétés par les autorités militaires russes. Là, une colonie fut promptement établie à laquelle le nom de Port Nicholas fut donné et ce nom fut à partir de ce moment toujours employé dans les documents officiels.

Peut-être est-il bon de mentionner entre parenthèses que l'Angleterre négocia et conclut avec la Chine, d'accord avec l'Article 2 du protocole de Pékin, un nouveau traité de commerce anglo-chinois en septembre de l'année précédente (septembre 1902). Ensuite l'Amérique, et quelque temps après, le Japon, furent de même en négociation avec la Chine. Cependant comme l'ouverture d'Antung et de Mukden était comprise dans le projet de traité entre l'Amérique et la Chine et celle de Ta-tung-kau et de Mukden dans le traité entre le Japon et la Chine, auquel dernier traité était attaché un article pour la concession d'une colonie, le représentant de la Russie à Pékin s'opposa à ces traités, quelquefois d'une façon directe, d'autres fois d'une façon détournée. La fin de l'affaire fut que la Chine qui était anxieuse surtout de voir la Mandchourie affranchie du joug de la Russie remit la conclusion définitive de ces traités à une occasion future. Tandisque les agents de la Russie en Orient en faisaient ainsi des leurs, les explications les plus plausibles étaient comme d'habitude données à Saint-Pétersbourg aux représentants des Puissances. Le comte Lamsdorff déclara solennellement qu'aucune demande n'était faite ou n'avait été faite à Pékin et que c'était simplement la Chine qui par sa politique tortueuse s'efforçait de semer la discorde entre les Puissances. Une autre fois, il déclara que la Russie cherchait seulement à obtenir quelques garanties et qu'elle n'avait aucune idée d'exclure les consuls ou d'entraver le commerce avec les nations étrangères.

Le 19 mai cependant, dans la visite que fit le Chargé d'Affaires d'Angleterre à la Légation russe à Pékin pour la fête du Czar, M. Plançon "saisit l'occasion pour parler de l'état des affaires à Newchwang. Il expliqua que ce port ne pouvait être considéré comme faisant partie de la portion de la Mandchourie qui aurait dû être évacuée le mois précédent, puisqu'il formait partie, à plus proprement parler, de la portion qui avait été évacuée en octobre dernier et que les Russes l'occupaient à peu près comme les Puissances avaient précédemment occupé Tien-tsin".

Il est inutile de dire que le visiteur de M. Plançon fut saisi de stupeur en entendant cette théorie. En effet, n'était ce pas à la demande même de la Russie que Newchwang avait été mis en dehors de la portion qui formait la première partie d'évacuation arrangée par l'Entente? La perfidie ne pouvait aller au delà!

M. Lessar retourna à Pékin, mais aucun changement ne se

produisit dans la diplomatie de la Russie. Alors cette Puissance trouva qu'il était temps de changer une fois encore de tactique, vu que la divergence entre ses promesses et ses actions était devenue trop manifeste, même pour ses notions si relâchées de moralité en matières diplomatiques. Ainsi donc, le comte Beckendorff alla voir le Marquis de Lansdowne à Londres et lui assura que:

a) quel que pût être le résultat des négociations pendantes entre la Russie et la Chine, la Russie n'avait aucune intention de s'opposer à l'ouverture "*graduelle*" de quelques villes de la Mandchourie, comme des relations commerciales pourraient en résulter; cela néanmoins excluait le droit de fonder des "*colonies*".

b) Cependant cette déclaration ne se rapportait pas à Harbin. Cette ville étant comprise dans les limites de concession faite pour "*le chemin de fer de la Chine orientale*" n'était pas, disait il, absolument sujette à la Chine et l'établissement dans cette ville de consuls étrangers devait dépendre "*du consentement du Gouvernement russe*".

Lord Lansdowne déclara franchement à l'ambassadeur de Russie que c'était là une modification des assurances préalables de la Russie et que l'exclusion de Harbin était un point tout a fait nouveau. Le représentant de la Russie pria alors Lord Lansdowne d'user de son influence pour que l'Angleterre décourageât l'opposition de la Chine aux demandes de la Russie. Mais Lord Lansdowne lui dit franchement qu'il fallait d'abord que l'Angleterre fut renseignée à fond sur la nature de ces demandes. Quelques jours plus tard, le comte Lamsdorff qui avait été informé de cette réponse fit observer au Chargé d'Affaires d'Angleterre dans une conversation avec lui que ce désir de la part de l'Angleterre de savoir quelles étaient ces demandes était parfaitement naturel, mais qu'il lui était impossible de le satisfaire avant le retour du général Kuropatkin d'Orient où il était allé en excursion. En effet, il est parfaitement vrai que le général visita l'Orient à cette époque. Il alla au Japon en passant par la Mandchourie, ostensiblement dans le but de faire un voyage d'agrément; mais en réalité ce voyage avait certainement pour but de le mettre à même de se former une idée de la force et des ressources militaires et navales de cette Puissances. En s'en retournant, il s'arrêta à Port-Arthur et là il eut l'entrevue maintenant devenue fameuse avec l'amiral Alexieff et M. Besobrazoff.

Le 29 juillet 1903, l'Ambassadeur de Russie à Londres approcha de nouveau Lord Lansdowne dans le but d'arriver à une entente avec l'Angleterre, disant qu'une telle entente pourrait être obtenue en compensation de l'assentiment de la Russie à ne pas opposer l'Angleterre dans la vallée de Yang-tse. Lord Lansdowne répondit péremptoirement que la difficulté entre la Russie et l'Angleterre se rapportait plutôt à la question mandchourienne. Quant à la vallée de Yang-tse, son opinion était que par la convention anglo-russe de 1897, on était déjà arrivé à une entente partielle; il n'existait aucun espoir, ajoutait-il, d'arriver à une entente entre les deux nations, à moins que le gouvernement anglais ne fût plus clairement informé des conditions que la Russie était alors en train d'essayer d'obtenir de la Chine.

A ce moment, 28 juillet 1903, le Japon tenta sa première démarche dans le but d'amener un rapprochement entre cette Puissance et la Russie; cette démarche amena d'autres négociations; mais nous en reparlerons tout à l'heure. La conférence de Port-Arthur n'avait eu aucun résultat pacifique. Au contraire, tandis que l'Ambassadeur russe suggerait d'un côté à Lord Lansdowne un "modus vivendi" absolument inacceptable et d'un autre semblait être disposé à entamer des négociations avec le Japon, le gouvernement russe préparait l'audacieux coup d'état constitué par l'ukase impérial du 12 août (30 juillet, vieux style) formant une vice-royauté russe des territoires de l'Amur et du Kwan-Tung. Par cet édit, le représentant du Czar était revêtu de plein pouvoir administratif, du commandement des forces militaires et navales, et d'un pouvoir suprême pour le maintien de l'ordre et de la sureté publique dans "la zone du chemin de fer de la Chine orientale". Ce représentant était aussi chargé de pourvoir aux besoins des populations russes "dans les possessions de frontière au delà de la sphère du Lieutenant Impérial". Il recevait aussi le contrôle des relations diplomatiques de ces provinces avec les Etats voisins. Par ce même ukase, un comité special sous la présidence de l'Empereur était nommé pour contrôler les actions du Vice-Roi, rendant ainsi cet office indépendant de tout Ministère ou Département et l'amiral Alexieff fut nommé Vice-Roi. Ceci était, bien entendu, une note de défi de la part de la Russie au monde entier; de cette façon elle indiquait son intention d'occuper la Mandchourie à jamais.

De bonne heure pendant le mois suivant, (septembre 1903),

le Ministre de Russie à Pékin fit cinq autres demandes comme conditions d'évacuation: Les voici en résumé:

1. Des garanties doivent être données par la Chine que les trois provinces ne seront jamais cédées à aucune autre puissance et qu'aucune portion de territoire dans cette région ne sera ni hypothéquée, ni cédée à bail, ni abandonnée d'aucune autre façon.

2. La Russie doit construire des quais à différents endroits le long du Sungari et stationner des troupes pour la protection des lignes du télégraphe le long du fleuve et des vaisseaux qui le traversent. La Russie doit aussi construire des stations à différents endroits sur les routes entre Tsitsihar, Mergen et Blagovestchensk.

3. Aucune taxe extra lourde ne doit être mise sur les marchandises transportées par le chemin de fer; les taxes mises sur les marchandises amenées dans la Mandchourie par le chemin de fer d'une gare à une autre ne seront pas plus élevées que celles mises sur les marchandises transportées par terre et par eau.

4. Les succursales de la banque russo-chinoise dans les différentes parties de la Mandchourie devront être protégées par les troupes du général tartare de Mukden et les frais de logement pour ces troupes devront être supportés par la banque.

5. Les mesures nécessaires d'assainissement, semblables à celles qui ont été prises à Shanghai et à Tien-tsin, devront être prises par les autorités chinoises, afin d'empêcher l'importation de la peste par Newchwang; mais dans les limites territoriales formant la sphère du chemin de fer de la Chine orientale, la Russie devra adopter les mesures nécessaires. Là où le Tao-tai a charge de ces mesures, un médecin russe devra être nommé, de façon à assurer une parfaite harmonie entre les mesures qui doivent être prises par les autorités chinoises et les autorités russes respectivement.

Le ministre de Russie demanda en outre au prince Ching une prolongation de temps pour la période d'évacuation et dit qu'à ces conditions la Russie rappellerait ses troupes de Newchwang et autres endroits dans la province de Mukden le 8 octobre 1903, de la province de Kirin en 4 mois et de celle de Hei-Lung-Chiang en un an.

Cependant on fit encore des objections à l'établissement de colonies étrangères et il y eut, selon un rapport émanant d'une source digne de toute confiance, une autre proposition qui aurait détruit les stipulations contenues dans l'article 8, section 10, du traité de Mackey, en établissant un inspectorat à part pour la douane de la Mandchourie qui devait être entre les mains et sous le contrôle exclusif de fonctionnaires russes. Plus on examine ces propositions, plus on comprend la gravité de leur portée. Si la Chine les eût acceptées, comme le prince Ching le fit remarquer à Sir Ernest Satow, et que la Russie se fût retirée en toute apparence, les Russes seraient cependant restés en réalité maîtres de la Mandchourie à tous égards. Cependant le prince Ching, encouragé par les assurances données par l'Amérique, l'Angleterre et le Japon, refusa définitivement les demandes russes le 25 septembre, expliquant en même temps que d'après la convention solennelle faite par les Plénipotentiaires des deux Puissances et ratifiée par leur Souverain respectif, la Russie était obligée de compléter la seconde portion de l'évacuation le 8 avril au plus tard, laquelle date était en réalité déjà passée, et la troisième portion le 8 octobre 1903 au plus tard. La Chine, disait-il, consentira à discuter les questions internationales demandant une solution immédiate, aussitôt que l'évacuation sera complétée en accord avec cette convention. Le 6 octobre, le Gouvernement chinois requit formellement le ministre de Russie d'effectuer l'évacuation promise d'ici au 8; sa réponse fut qu'à moins que les conditions russes fussent acceptées, l'évacuation n'était pas faisable.

Le nouveau traité entre la Chine et l'Amérique et aussi celui entre la Chine et le Japon furent signés simultanément en dépit de l'opposition russe à l'époque même de l'expiration de la troisième période de l'évacuation mandchourienne et en vertu de ces traités Antung, Tatungkau et Mukden furent ouverts au commerce étranger. En premier lieu, le désir de la Chine avait été de signer ces traités après l'évacuation russe, de façon à ne pas faire ombrage à la Russie; mais la menace de la part de la Russie qu'à moins que les nouvelles conditions qu'elle avait proposées ne fussent acceptées l'évacuation n'était pas faisable, décida les politiques chinois à ne pas attendre plus longtemps. Le jour où le traité entre la Chine et l'Amérique fut signé, le ministre de Russie écrivit au prince Ching une lettre de reproches et déclara dans cette lettre qu'à moins qu'il ne reconsidérât son action, la Russie elle-même effectuerait les projets compris dans les cinq demandes. A partir de ce jour, les activités navales et militaires de la Russie, lesquelles pendant les six mois précédents avaient été poursuivies sans relâche, augmentèrent encore d'intensité. Des forts furent construits, des vaisseaux de guerre furent envoyés d'Europe, on fit avancer plus de troupes sur les frontières coréennes et d'une façon ou d'une autre les affaires de la Mandchourie et de la Corée furent plus intimement unies et toutes choses revêtirent l'aspect le plus menaçant et le plus belliqueux. Le 28 octobre les troupes russes occupèrent le châteaux chinois et le palais de Mukden; elles prirent possession des bureau publics et des archives; le lendemain elles emprisonnèrent le général tartare. Les portes du château furent gardées par des soldats russes et les lignes télégraphiques furent saisies. Le prétexte offert pour tout ceci fut qu'un bandit chunchus, l'un de ceux qui avaient été enrôlés par la Russie pour le service près du Yalu, avait été condamné à mort pour une violation de la loi chinoise par le principal aide de camp du Tao-tai. Les Russes demandaient que cet aide de camp fût lui-même décapité et que le Tao-tai fût destitué.

L'aggression russe devint particulièrement marquée du côté coréen du Yalu. On pressa le gouvernement de Seoul d'accorder la cession à bail de Yongampho, de même que la cession de Port-Arthur avait été arrachée à la Chine. Des lignes télégraphiques furent établies sans qu'on ait le moins du monde consulté la Corée et on commença la construction de forts, sans attendre la réponse au sujet de Yongampho. (L'un des premiers forts complétés fut décrit au commencement d'octobre par un attaché militaire envoyé par la Légation japonaise de Seoul pour faire une enquête sur la question comme ayant vingt mètres de hauteur et trois embrasures pour des canons.) Les Coréens qui avaient des relations d'affaires avec les Japonais furent arrêtés sans motif; du bois que des résidents japonais avaient trouvé flottant sur le Yalu et qu'ils avaient amené sur le rivage pour leur propre usage leur fut arraché avec violence sous le prétexte que chaque morceau appartenait de droit aux concessionnaires russes. Enfin les choses étaient devenues tellement insoutenables pour les Japonais qu'ils se préparaient à partir quand Mr. Hagiwara secrétaire de la Légation japonaise de Seoul fut envoyé pour faire une enquête et dresser un rapport sur la condition des affaires en général. Les Russes refusèrent de lui permettre de débarquer du bateau à vapeur à Yongampho et il fut obligé de retourner sans avoir accompli sa mission; plus tard, cependant, le ministre de Russie à Seoul admit que ses compatriotes avaient agi sans discrétion dans cette circonstance. Toutes ces façons arbitraires d'agir ne pouvaient avoir d'autre objet que d'assurer d'avance la position des Russes, au mépris des obligations internationales et des promesses solennelles données, ainsi que la convention qui eut existée entre la Russie et le Japon à regard de la Corée et aussi de pousser à bout le gouvernement japonais. Les Etats-Unis et aussi le Japon avaient vigoureusement supporté l'ouverture de Yongampho au commerce de toutes les nations. L'opinion du représentant d'Angleterre à Seoul coincidait avec celle de ces Puissances; mais cette proposition fut activement et vigoureusement combattue par la Russie.

Nous en venous maintenant à la phase des négociations purement russo-japonaises; mais comme notre article est déjà d'une certaine longueur et comme, de plus, nous avons donné ailleurs des détails complets concernant cette partie de notre sujet,*) nous en donnerons simplement ici un bref resumé.

Le Japon a toujours de temps immémorial possédé de grands intérêts dans la Corée et ce fut à cause de sa détermination d'y maintenir ses droits qu'il n'hésita pas à jeter le gant à la Chine, il y a dix ans, c'est à dire à une époque où les forces militaires et navales de la Chine étaient considérées comme bien supérieures à celles du Japon. Le Japon risqua alors jusqu'à son existence sur l'issue de cette lutte et il a de nouveau agi de même aujourdhui pour à peu près la même cause. Il a de plus aujourdhui une autre raison; c'est qu'il possède dans la Mandchourie des intérêts qu'il ne saurait sacrifier. Plus que tout cela: la présence d'une Puissance étrangère quelconque dans la Mandchourie tend à devenir une menace permanente pour la Corée et l'intégrité territoriale du royaume péninsulaire est absolument indispensable pour la sécurité du Japon. Il y avait des années que l'ambition de la Russie allait à l'encontre de cette théorie et c'est pourquoi il existait au Japon une anxiété et une inquiétude continuelles. Lorsque les affaires en Mandchourie et en Corée commencèrent d'assumer une nature à laquelle il n'y avait pas à se tromper, nature que nous avons décrite dans les pages précédentes et qui

*) Vide mon article „La Russie et la Japon" Dec. 1904.

était tout à fait en désaccord avec les promesses données par la Russie non seulement au Japon, mais aussi au monde entier, il était grand temps que le Japon s'occupât de ses propres intérêts et se laissât influencer dans sa conduite par l'instinct de conservation de soi-même. Il s'adressa donc directement à la Russie dans les premiers jour de l'automne de l'année dernière et s'efforça d'entamer des négociations dans le but d'amener un état de choses plus désirable dans la Mandchourie et dans la Corée et afin d'amener une paix permanente pour tout le monde. Le Japon consentit dès le début à reconnaître les intérêts spéciaux de la Russie dans la Mandchourie, c'est à dire tous ces intérêts qui avaient été acquis par des voies légitimes; mais il désira que la Russie tint sa parole donnée qu'elle respecterait l'intégrité territoriale et la souveraineté de la Chine dans ces provinces et qu'elle conclurait une Entente avec le Japon à cet effet; le Japon reconnaissant que ces stipulations lui étaient d'une importance vitale à cause de sa position particulière dans la Corée, tandis que du sort de cette dernière Puissance dépendait l'existence même de l'empire japonais. Les demandes du Japon ne furent présentées qu'après que l'examen et la considération les plus approfondis eurent été accordés à tous les côtés de la question et qu'après que les intérêts de toutes les nations, aussi bien que les siens propres, eussent été considérés. La Russie avait tout du long parfaitement compris la position du Japon et il n'y avait dans les demandes du Japon absolument rien de nouveau ou d'extravagant. Ces demandes, à cause de leur extrême modération, satisfaisaient à peine les désirs de la nation japonaise, mais c'était le dessein bien arrêté de la part du Gouvernement japonais d'éviter tout dérangement de la paix dans l'Extrême-Orient.

La Russie s'était engagée dans ses diverses communications à différentes dates vis à vis des Puissances à accorder tout ce que demandait le Japon. Mais quand on en vint à la requête que toutes les protestations de la Russie fussent rassemblées pour former la matière d'une Entente internationale, la Russie ne tint en réalité compte de ses promesses. Après cette façon d'agir si pleine d'impudence, il devint évident aux yeux du Japon qu'il allait falloir exercer la contrainte à l'égard de la Russie si l'on ne voulait pas que les promesses librement données par cette Puissance ne devenissent absolument nulles. La Russie s'arrangea pour faire traîner les négociations de mois en mois, tandis qu'en même temps elle ne ralentissait pas ses efforts pour renforcer ses armements de terre et de mer dans l'Extrême-Orient. Enfin la patience du Japon fut mise à bout et il exigea une réponse à sa demande définitive à une certaine date. La seule réponse fut un autre delai véxatoire. En conclusion, nous avons, nous l'espérons du moins, assez clairement expliqué par cet article et le précédent tout ce qui était nécessaire pour montrer comment la Russie amena la guerre. Notre but a été de montrer combien la Russie fut prodigue de décrets désintéressés, tandis que dans la pratique elle était déterminée à n'en tenir aucun compte, aussitôt que son intérêt l'y décidait. D'après ce que nous avons dit, il sera clair à nos lecteurs que la guerre actuelle en Extrême-Orient n'est réellement pas un conflit résultant d'une simple dispute entre les combattants. Il faut plutôt attribuer la cause de cette guerre à la révolte générale de toutes les peuples civilisés de la terre contre la perfidie et la mauvaise foi de la Russie qui depuis des années a cherché à duper les autres Puissances. Ce fut parce que le Japon comprit tout du long que ses propres intérêts étaient plus en jeu que ceux d'aucune autre nation et parce que l'impuissance de la Chine pour faire face à sa propre calamité évidente, qu'il résolut, tout petit qu'il est, d'entrer en lice et n'hésita pas à livrer tout seul bataille à la Russie, prenant ainsi l'avance sur les autres nations dont les intérêts étaient également mis en danger. On ne saurait trop souvent révéter qu'en agissant ainsi le Japon risque son existence comme nation et c'est là la ràison pour laquelle nous demandons avec tant d'assurance la sympathie du monde entier (sympathie à laquelle nous sommes sûrs d'avoir droit) dans notre vaste entreprise pour la cause de la justice et de l'humanité. Nous sommes fiers de pouvoir remarquer qu'à l'exception de certains milieux qui ont leurs raisons pour l'attitude qu'ils adoptent, cette sympathie nous a été, dès le commencement, universellement et cordialement accordée.

Imprimerie de G. Kreysing, Leipzig.

www.ingramcontent.com/pod-product-compliance
Ingram Content Group UK Ltd.
Pitfield, Milton Keynes, MK11 3LW, UK
UKHW021059270726
13994UKWH00009B/1329

'nel de Gendarmerie ALBERT MICHEL

... Portrait Parlé

GUIDE DE POCHE

pour l'établissement, en tous lieux, du signalement descriptif

Exercices techniques préparatoires
Indication de procédés sommaires pour l'établissement rapide d'un renseignement descriptif
Préparation et acheminement aux textes réglementaires, bases du travail

PARIS
Henri CHARLES-LAVAUZELLE
Éditeur militaire
124, Boulevard Saint-Germain, 124

Même Maison à Limoges

1920